海派生活小史
（第二辑）
——上海老人的时代记忆

主编 竺　剑　陆晓钧
参编 唐传星　田红梅

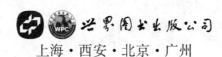

世界图书出版公司

上海·西安·北京·广州

图书在版编目(CIP)数据

海派生活小史.第二辑,上海老人的时代记忆/竺剑,陆晓钧主编.—上海:上海世界图书出版公司,2019.7
ISBN 978-7-5192-6296-9

Ⅰ.①海… Ⅱ.①竺… ②陆… Ⅲ.①社会生活-史料-上海 Ⅳ.①K295.1

中国版本图书馆CIP数据核字(2019)第117911号

书　名	海派生活小史(第二辑)——上海老人的时代记忆
	Haipai Shenghuo Xiao Shi (Di-er Ji)——Shanghai Laoren de Shidai Jiyi
主　编	竺　剑　陆晓钧
责任编辑	吴柯茜
封面设计	张亚春
出版发行	上海世界图书出版公司
地　址	上海市广中路88号9–10楼
邮　编	200083
网　址	http://www.wpcsh.com
经　销	新华书店
印　刷	上海颛辉印刷厂
开　本	890 mm×1240 mm　1/32
印　张	9.5
字　数	220千字
版　次	2019年7月第1版　2019年7月第1次印刷
书　号	ISBN 978-7-5192-6296-9/K·25
定　价	80.00元

引　言

上海，中国共产党的诞生地，中国工人运动的发祥地，是中国革命文化的源头，拥有极为丰富的红色资源。同时，上海又是中国最大的商业中心，人文荟萃之地，形成了开放包容的海派文化。上海城市文化的红色基因渗透在繁华都市的血脉深处，至今仍熠熠生辉。

瑞金二路街道，位于上海市黄浦区西部，历史底蕴深厚，境内商业繁荣，文化发达，淮海中路商业街横穿社区中部。在此也聚集着中国革命的多个第一：第一本《共产党宣言》中文全译本在此发行，中国第一个共产主义小组在此诞生，中国第一个社会主义青年团在此成立……

瑞金二路街道生活着一群特殊的老人，他们是上海红色血脉的生动注脚，曾是中共地下党员、新四军战士、解放军军医、南下干部，是红色上海的亲历者和见证者，为上海乃至全国的解放和建设做出了贡献。随着老同志们的讲述，我们的思绪被带到炮火连天的战场、喋血街头的学生运动、危机四伏的地下交通线……

且听他们娓娓道来。

目　录

黎明前的斗争 / 1

我的青春我的国 / 13

老上海走出的新青年 / 27

伟大时代的一员"小兵" / 37

赤胆忠心报国家　盛世安恒守本心 / 53

战争是为了守护 / 66

用生命书写历史 / 81

舌尖上的红色征程 / 91

再忆解放军南下 / 103

"海上为家，岸上为客"的难忘岁月 / 117

生命不息学习不止的普通战士 / 134

一名老党员的红色记忆 / 148

医与艺——我的峥嵘岁月 / 164

一个军医的战斗生活 / 177

平凡岁月里的红色之歌 / 192

父亲的解放前与我的解放后 / 206

书香世家的传承与记忆 / 227

我与新中国的邮电事业 / 238

我的"三地"情缘 / 252

一位民间学者的笔上人生 / 265

中国红色起源地的"守门人" / 280

后记 / 295

黎明前的斗争

讲述人：林国安
时间：2018 年 1 月 27 日
地点：上海市巨鹿路 1 号林国安家中

林国安，1929 年 3 月 4 日出生在上海，祖籍广东。1946 年 1 月加入中国共产党。1946 年初，成为金刚百货公司职员，负责组织和发展地下党力量。上海解放后，调入上海市嵩山区军事接管委员会，后历任中共上海市嵩山区委工业部副部长、嵩山区委工业改造办公室主任、上海市卢湾区工业局党委书记兼局长等职。改革开放后曾任上海市家电公司总经理、上海家用电器行业协会理事长、上海市工业经济联合会副会长等职。

进步思想感召下的入党之路

抗日战争胜利那年，我才 16 岁，白天在重庆路上的一个皮鞋店当学徒，晚上到大雄义务夜校（今山海关路附近）学习语文。日军投降后，国民党军打着接收上海的幌子，大发战争财，一些官僚趁机贪污受贿。当时的情况真的可以说是"朱门酒肉臭，路有冻死骨"，冬天大马路上经常有冻死的人。作为一名贫苦学生，我对国民党的所作所为非常不满，于是就向夜校的俞正平老师请教（俞老师是一名中共地下党员，早在 1938 年就入了党），他见我思想进步，便引导我看了许多进步报刊，如《时代日报》[①]等。《时代日报》是以苏联商人的名义创办的，当时苏联与国民党政府还保持外交关系，所以可以买到。除了看进步报刊，我还去听一些有名的作家和教育家的讲座，比如茅盾、郭沫若、陶行知等。

有一次我在报纸上看到一篇文章，文中讲到解放区的事情，于是就去向俞老师讨教，俞老师也给我作了解答。我逐渐认识到共产党是无产阶级的政党，之后又进一步了解到共产党当时的主要任务是打倒国民党反动派，建立独立自强的新中国。于是在 1946 年 1 月，17 岁不到的我便由俞老师介绍加入了中国共产党。入党是秘密进行的，对家里人也要保密。后来我还介绍了一位夜校同学入党，他叫毛正民，是十六铺码头咸鱼行的职工。我们一起读书时，他的思想也比较进

[①]《时代日报》1945 年 8 月 16 日在上海创刊，是以苏联商人名义出版的中文报纸，初名《新生活报》，同年 9 月 1 日改名《时代日报》。它以苏联商人名义出面向上海民众宣传中国共产党在抗日战争胜利后的立场、主张，1948 年 6 月 3 日停刊。

步，喜欢阅读进步刊物，我俩经常在一起讨论时事。毛正民后来还成为志愿军战士参加抗美援朝战争。

1946年1月13日，俞正平老师通知我去参加于再①的公祭大会。日本投降后，美国的对华政策是扶蒋反共，支持蒋介石打内战。美国的军舰、飞机在短时期内把54万拥有美式装备的国民党军队从大后方抢运到华中、华北和东北等地区，帮助国民党抢占战略要地和铁路交通线。美国一方面在军事上帮助蒋介石打内战，另一方面又在政治上扮演调停者的角色。美国曾派五星上将马歇尔以总统特使的身份来华调停国共内战，但实际上是以此为幌子，替蒋介石争取调兵遣将的时间，束缚人民的手脚，限制人民军队反击，干涉中国内政。国民党在得到美国支持后，更加大胆地镇压进步力量准备内战。

当时许多进步知识分子和民主人士宣传和平，反对内战，"一二·一"惨案就在这样的背景下发生的。1945年11月25日，昆明西南联合大学、云南大学、中法大学、英语专科学校等4校学生自治会联合举行反内战时事晚会，共计6 000多名学生在西南联大举行反对内战、反对美国干涉中国内政的活动，国民党当局出动大批军警放枪恫吓，激起公愤。12月1日，国民党当局派出大批军官总队队员和特务，至各校殴打罢课学生，并投掷手榴弹，导致于再等4名师生牺牲，重伤20余人。之后于再的妹妹想在上海玉佛寺为哥哥举行追思活动。

---

① 于再（1921—1945），原名镇华，又名培卿，余杭县人，出生在商人家庭。中国共产党党员，昆明私立南菁中学教师。1945年12月1日，国民党暴徒、特务结队袭击西南联大校舍。当时正在联大校门的于再上前劝阻，被暴徒打伤，并被手榴弹炸伤头部，因伤势过重医治无效，当晚牺牲，是"一二·一"四烈士之一。

上海地下党领导知道后，决定支持她举行公祭大会。地下党发动上海的大中学校学生、教师和广大市民参加于再公祭大会。同时组织了一个主祭会，参加公祭的社会名流有宋庆龄、许广平、柳亚子、马叙伦等人。宋庆龄等人的政治地位和社会影响使国民党当局不敢轻易镇压。

1946年1月13日早晨，举着横幅、捧着花圈的群众队伍从四面八方向玉佛寺拥来。参加公祭大会的各界群众共一万多人，学生、教师占到三分之二，还有工人、职员等，我也在其中。

马叙伦先生在大会上宣读祭文："呜呼先生！不死于抗日胜利之前，而死于抗日胜利之后；呜呼先生！不死于敌伪之手，而死于暴徒之手；呜呼先生！机关枪手榴弹不用于杀敌，而用以杀同胞杀志士杀青年……然而先生之死使人振奋，是以促进民主，悉召和平……先生之体魄虽死，而先生精神不死……我们得民生一日，即不忘先生一日。"他读得慷慨激昂，荡气回肠，寺院内外，万人伫立，肃穆悲壮，许多人痛哭失声。林汉达教授说："做法西斯梦的人只有三条路，一是墨索里尼上吊！二是希特勒自杀！三是日本帝国主义切腹！"大家听完后义愤填膺，大会成为对国民党政府的声讨大会。公祭结束后，大家又参加游行示威，一直走到外滩，一路高呼："要民主不要内战！美国兵回家去！"这次大会给我留下了很深刻的印象，也坚定了我对党的信念。

中共金刚支部的斗争

1946年初，我考入金刚百货公司成为一名职工。当时金刚百货公司的老板叫薛铭三，是清华大学经济学系毕业的民族资本家，管理能力很强，他通过考核的方法来招募职工。金刚百货公司创办于1935年，是淮海中路上一家较大的、有名望的百货公司，当时在南京路延安路都有分店，规模实力仅次于永安、先施、大新、新新这四大百货公司。我在金刚百货公司103分店当练习生，用当时的话就是"学生意的"。我进金刚百货公司的时候，公司里还没有中共地下党员。当时中共上海市委要求"隐蔽精干、长期埋伏、积蓄力量、以待时机"，对国民党以合法的名义进行斗争。

为了发展地下党员，我用了三种方法。第一种办法就是建立了"荣声"读书会，组织员工读书。《时代日报》《周报》《群众》等报刊敢于揭露国民党的腐败行径，我通过这些报刊向基层职工传播进步思想，受到了大家的欢迎。我的老板比较开明，他也鼓励员工多读书，只不过他并不了解我们阅读的内容。读书会还邀请上海交通大学的学生来教职工英文。晚上下了班，我们就到附近的中华职业学校学习，成立我们自己的"红色基地"。此外，我们还去金刚公司附近的襄阳公园进行讨论，交流报纸上看到的内容。

第二种方法就是结拜兄弟，当时我们有十几位职工都结拜为兄弟，大家互助互爱，相互支持，增进彼此的信任，我用这种方法团结了很多职工。

第三种方法就是以实际行动来与资本家做斗争。1946年以后，工人运动的浪潮迅速席卷全国，罢工，罢市，反饥饿、反内战游行此起彼伏。当时国民党镇压申新九厂的工人运动，我组织一些员工声援了申新九厂的工人斗争，还参与了募捐慰问活动。1947年8月，在地下党的领导下，我们在金刚公司组织了一次"勤工斗争"，推举职位比较高的职员作为负责人去向资本家谈判要求增加工资。因为国民党禁止职工举行罢工运动，所以我们必须开着店门，不过大家要么故意擦玻璃，要么做大扫除、整点货物，就是不招呼客人。我们把货架上的商品用布和纸遮住，水洒得到处都是。这样顾客以为商店没有营业，就不会进店买货，百货店也没有收入。我们以变相的罢工形式要求资本家加工资，在这样的反抗下，资方不得不答应职工的要求。大华公司的地下党员陈家杭同志，发动店员以同样的方式和资本家进行斗争也取得了胜利。

我就用这些办法逐步发展地下党员，临近上海解放的时候，在淮海中路一带的商店中已经拥有16名地下党员，其中103分店就有10个。当时锦江茶室也有两个职工是党员，其中一个还是锦江饭店老板董竹君的亲戚。淮海路沿路商店的共产党员基本都在我的支部，我是支部书记，支部名称叫"中共金刚支部"。我们还把职业界协会的13位同志发展成为支部的外围组织，并且由中共金刚支部负责考察，让他们配合地下党的工作。新中国成立后，这些职员退休时都作为离休干部，肯定了他们为人民解放所做出的贡献。

在从事地下党工作时也不是完全顺利，金刚百货公司的个别职工看到我们的一些地下党员行为和思想太积极，曾怀疑我们的身份是共产党，并威胁说要举报我们。在那一段时间，我们也提高警惕，时刻提防着这些人，最终还是有惊无险没有暴露。

淮海中路的守卫者

1949 年 4 月，渡江战役打响，蒋介石决定死守上海。国民党将领汤恩伯的 20 万军队退踞上海地区，构筑长江防线，即使上海被打成废墟也在所不惜。蒋介石命令他至少守住上海 6 个月，甚至是一年，以待国际形势变化，然后化内战为国际战争。

作为一个发达的大城市，远东第一城，解放上海不仅对中国，乃至在国际上也有很大的影响。解放上海前党中央毛主席亲自做指示：打上海，要文打，不要武打，最好是和平解放，就算不能和平解放，也要在军事进城的同时，做到政治进城，使上海的破坏减至最小。中央要求既要消灭国民党，也要完整地保卫上海。解放军赢得三大战役的胜利后，国民党已成秋后蚂蚱，解放上海胜利在望。

第三野战军司令员兼政委陈毅是上海战役的总指挥，解放上海后成为上海市第一任市长。他曾风趣地把解放上海形容为"瓷器店里捉老鼠"。也就是说，这一仗不但要成功地解放上海，还要把上海整座城市及其运营系统完整地保存下来。一旦处理不好，会很伤脑筋。一方面，如果解放军进城，街道没有人打扫，垃圾没有人清理，没有警察维持秩序，城市管理跟不上，这将使共产党在上海大失民心。另一方面，国民党撤退的时候会故意破坏城市设施，地下党的任务就是要保护这些设施。地下党通过职工运动，发动群众保护厂区和商店，与解放军内外配合。

国民党军队在上海外围建立了很多碉堡，企图负隅顽抗，这也使得整个上海近乎一座孤城。城里的物价涨得特别厉害，通货膨胀，货币贬值，老百姓买东西的钱都是用麻袋装。为了防止中共地下党秘密联络帮助解放军，国民党政府进一步加紧了肃清工作，还悬赏举报中共地下党，如果有人举报一个，奖励500银元。相比国民党政府发行的金圆券，货真价实的银元相当具有诱惑性。当时淮海路上经常有人被枪毙，"白色恐怖"非常厉害。我们的身份直到上海解放后的一段时期都不敢暴露。

为了顺利迎接上海解放，我的上级领导——卢湾区分区委委员俞正平老师分配给我们支部三个任务：第一，保卫好林森中路商业街（也就是今天的淮海中路），避免敌人在撤退时抢劫破坏；第二，搜集情报，协助上海解放；第三，要保证解放军进城的时候，商店能够开门营业，迎接解放军。那时候都是单线联系，我只听命俞正平的领导。

淮海中路当年约有商店200余家，其繁华程度仅次于南京路。要保护好这条商业街，单靠职工和地下党的力量是不够的，所以我想把资本家们也组织起来，但是谁来组织上层资本家，这又是个问题。当时的资本家，有些逃走了，有些不支持职工的行动，不提供资金。我们是下层职工，没有能力联合动员各个上层资本家。103分店的高级职员吴少航，他是分店的经理，我们觉得他可以组织联合资本家。

吴少航曾参加过新四军，因病离开部队后在上海养病，病好后进入金刚公司。我们平时同他接触，发现他思想比较进步，我们看的进步书刊他也喜欢看，而且他读过大学，文化基础较好，既有能力也能说会道。经过我们的观察，认为他符合入党条件，于是举荐他入党，并获得上级批准。吴少航利用分店经理的身份开展上层工作，我们则负责团结基层。在上级党组织的支持和指导下，我们把保护淮海路的任务定为三个步骤，第一步是成立议价委员会，第二步是组建民众自卫团，最后一步就是做好准备迎接解放军进城。

当时物价飞涨，各商店物价不统一，形成无序竞争。我和吴少航做老板薛铭三的工作，跟他谈及上海混乱无序的状况，金刚公司"店大招眼"，在出现骚乱抢劫时会首当其冲。薛铭三认识到这确实是个问题，吴少航便趁机提出要联合行业进行商品议价，以及组织民众自卫团，最后他同意吴少航以"薛铭三"的名义去联络各商家。吴少航于是积极行动，联合许多商店老板成立议价委员会，召开议价会议。统一稳定的物价对各位老板都有利，因此一些商店不仅乐意参与议价，有的还主动提出建立碰头制度，主动担任联络员。大华百货公司经理热情地提供碰头地点。物价的稳定从百货业逐渐发展到鞋帽业、绸布业，再到糖果等食品行业。到后来，淮海中路已有40多家商店参加了议价组织，这样既达到了稳定物价的效果，又有利于中共地下党工作的开展，吴少航同志也因此团结了一批淮海中路的中小资本家。

为了防止国民党撤退时有人抢劫和破坏商店，我们还组织了民众自卫团，让老板和员工一起合作保护商店。在当时的政治环境下，组织自卫团必须经过警察局同意，不然就是非法武装。我们需要一位有办法与国民党警察打交道的人物牵头才行，于是推举了虞永兴南货店的虞老板做团长。

虞永兴南货店是经营南北货的大店，历史较长，而且虞老板当时是市参议员。据吴少航后来回忆，刚开始他和一家西服店的李老板去邀请虞老板时，虞老板显得很谨慎，态度也很冷淡，话也很少，最后只表示要考虑考虑。吴少航和李老板感到失望又着急。没想到两天后，虞老板主动邀请吴少航和李老板等人吃饭。在饭桌上，虞老板先肯定了组织自卫团的正义性，他说："组织联防是好事，造福地方。"之后又说："既然大家都信赖我，我只好勉励而为了，警察局方面我去联系备案，不过我年纪大了，具体事情要请吴先生、李老板多多帮助，副团长就由二位担任吧，担子我们一起挑。"他话音刚落，其他几位老板都随声附和起来，有的还和吴、李二人握手，以示拥护。就这样，我们利用资本家要保护自己的利益和资产的目的，实质上保护了上海的工商业资本。

吴少航组织上层，我们则组织各商店职工成立了应变小组和应变委员会，让老板提供资金购买咸鱼、咸菜、米、面、柴火等储备物资，准备了大约 10 天的口粮，防止因打仗供货渠道阻断。为了保护商店，各个商店门口都立起了铁栏杆和木栏杆，防止玻璃门窗被敲破；我们又准备木棍、口哨，晚上在商店巡逻，防止小偷偷盗。薛铭三老板来到店里的时候，我们就同他聊天，试探他的口风，问他解放军进城后有什么打算。后来我们又做他的思想工作，暗示解放军对民族工业是保护的，跟他讲共产党劳资两利的政策。薛老板是个思想开明的资本家，资产丰厚，在工商界有一定的地位和影响，对国民党政权既反感又鄙视。面对上海即将解放的局面，薛老板也了解了共产党对民族资本家的政策，所以并未打算撤资逃离，而是留在上海。薛老板明朗的态度，对我们组织议价会和自卫团都起到了很大的作用。

　　另外，我们支部还负责搜集情报，协助上海解放。比如调查国民党的党、政、军、警、特务以及保甲长的情况，熟悉上海地图，调查敌人准备埋伏的地点，以便为解放军带路；掌握国民党重要机关场所的地址以便解放军接管。我们采用以下几种办法来了解相关情况，一是通过送货来了解。公司的送货部门有一些是中共地下党员的职员，有钱的大老板来买东西，一般都让店里帮他们送货到家里。如上海的流氓大亨黄金荣经常到店里来买东西，送货部门的中共地下党员将他买的货品送到家里，这样就知道了黄金荣家的地址。二是看到一些穿警服、官服的国民党小职员到菜场、商场买东西，我们就派地下党员跟踪他们，从而掌握了国民党一些机构的地址，比如警察局在什么地方、军队在什么地方等等，并且通过他们采购东西的数量来估计这些机构的规模、人数。三是通过锦江茶室的两个地下党员来了解情况，因为锦江茶室有许多中统特务、高官来喝茶、喝咖啡。通过给客人服务，两人把听到、看到的情况记录下来反馈给上级。另外，金刚公司内部有职员在国民党保甲系统工作，代表资本家当上了保长，我们就通过他打探到了国民党保甲组织的内部情况。

　　上海刚刚解放的时候，解放军跟国民党军队还有一些零星的战斗，需要隐蔽进城。由于不熟悉上海城市的路线，我们派了一个地下党员给解放军带路。几个领路的解放军穿着便衣，用竹筒装着石灰粉，竹筒下面有漏洞，每隔一段路就在地上敲击竹筒留下石灰痕迹作为路标，使得解放军从徐家汇顺利到达淮海路。

　　解放军刚进城的时候，因为我的身份是否暴露还不确定，上级让我避开两天，晚上住到别人家，以免国民党特务对地下党进行屠杀。

不单单是我，整个地下党都要隐蔽力量。上海一解放，我马上回到公司，看到很多解放军为了不惊扰市民，都睡在马路边，或者睡在屋檐下。那时各个商店因要开门迎接解放军，于是吴少航就组织各个店的老板在公司附近的伟达舞厅召开了一个有300多人参加的资方大会，简单地介绍了解放战争的形势，宣传了党对工商界的政策，鼓励大家继续开门营业，动员大家积极参与迎接解放军的庆祝活动。为此，各个商家集资临时搭建了两座彩牌楼欢迎解放军，一座在今天的陕西南路附近，一座在重庆中路。当时还有腰鼓队、秧歌队加入一起庆祝上海解放，很是热闹。

后来上海市委与军事接管委员会在大光明影院召开会师大会，陈毅同志发表了讲话，我作为金刚支部书记也参加了大会。上海解放一段时间后，我的共产党员身份被公开，从金刚支部调入上海市嵩山区军事接管委员会。我领导的中共金刚支部保卫淮海中路的工作至此结束，随即我便投身于上海的工商业建设。

（采访及整理：包柔）

我的青春我的国

讲述人：谷音
时间：2018 年 1 月 19 日
地点：上海市茂名南路 136 号谷音家中

谷音，1930 年 2 月 6 日出生于山东，1948 年考入大学，1950 年参军被选调到北京，进入中国人民解放军海军政治部宣传部工作。1954 年在上海一所学校任教员。1978 年被分配到瑞金二路街道工作。1990 年退休。

激情燃烧的青春岁月

"当我 20 岁的时候，参加了人民的红海军……"这是一首著名的苏联歌曲中的歌词。如同《喀秋莎》一样，我们那个年代的年轻人差不多都会唱。值得一提的是，我正好也是 20 岁那年参加了人民海军，所以唱起来特别亲切，就像在唱自己。每当回忆起自己的青春岁月，我就激动不已，仿佛回到了那个激情燃烧的革命年代。

我出生于山东，从小的理想是当一名济世救人的医生。怀着对医生高贵品格的尊敬和以拯救苍生为己任的追求，我学习十分用功，尤其重视对化学、生物和外语等功课的学习。1948 年秋天我如愿以偿地考进了山东省立医学专科学校。学校创建于 1932 年，由南京国民党政府教育部和山东省教育厅共同领导。抗日战争时，学校撤离了济南，学校的许多师生都加入了抗日的队伍。1948 年济南解放后，山东省立医学专科学校被中国人民解放军华东军区济南特别市军事管制委员会接管，1949 年改名为山东省立医学院。它是我梦想中的学校，也因此格外珍惜这次学习机会，对待学业一点也不马虎，早早地规划好了未来的工作。

医学院的课程十分紧张，同学们平时大多都埋头苦读，在枯燥的日常学习中最令我激动的是政治课的讨论会。我那时起便对政治理论感兴趣，每次都要慷慨陈词一番。"天下兴亡，匹夫有责"，有志青年们时刻不忘自己是祖国的一分子、时刻忧心着国家的未来。在讨论会上，大家常坐在一起讨论国家形势、抒发自己的抱负，在交流的过程中我对革命形势有了较多了解，既开阔了自己的视野，也交到了许多朋友。

在医学院就读期间，我准备认真踏实地完成四年的学业好去实现自己的理想，但济南的解放改变了我的人生轨迹。1948 年正值解放战争时期，华东野战军和山东兵团于 9 月 16—24 日对国民党军重兵守备的济南展开了大规模的攻城打援战役，经过 8 昼夜的激战山东兵团终于攻占了济南。这次战役解放军以伤亡 2.6 万人的代价，歼灭守敌共 10.4 万人，同时缴获了大批武器弹药和军用物资，开创了人民解放军攻克敌重兵坚守的大城市的先例，也拉开了解放战争战略决战的序幕。济南宣告解放后，人民解放军组织维持秩序，并且积极抢救人民的生命财产，帮助老百姓安顿生活，此时的济南终于从战火弥漫、民不聊生的战争中摆脱出来。

我做梦也没想到光明会在一夜间降临！当第一次看到人民解放军、看到解放区那片晴朗的天空时，我的心灵被深深地震撼了！尤其是看到很多热血青年不顾一切地投身到革命中，不畏艰险、不惧生死，我的爱国情怀、革命热情一下子被点燃。我感觉再也无法平静地坐在教室里学习，开始对自己说：我要参加革命，解放全中国！

为了实现自己的爱国和救国理想，我离开了曾经梦寐以求的校园，毅然决然地进入了济南华东大学，也就是现在的山东大学。这是一所"抗大"式学校，"抗大"指的是中国人民抗日军事政治大学，是在抗日战争时期由中国共产党创办的培养军事和政治干部的学校。虽然那时候抗日战争已经结束，但济南华东大学在培养军事和政治人才中依然发挥着重要作用。在战火纷飞的年代，它为新中国的建设吸收和培养了大批人才，这些人后来绝大部分成为社会主义建设的中坚力量。济南解放后，华东大学招收了大批来自全国各地的热血青年，进行短期培训后就把优秀学生分配到党政机关或者随军南下参加革命工作。

1949 年初人民解放军取得了淮海、平津两大战役的胜利后，积极准备渡江作战。新区的工作急需大批干部，于是中共中央华东局和山东分局决定从华东大学抽调一些干部和学员组成工作队，派他们南下参加革命工作。我本来做好了去往一线战斗的准备，但因上级考虑让一部分干部继续深造，所以我们这批知识青年没有南下，而是继续学习。也就是从那时起，我放弃了原来的医学专业，进入了政治系，开始系统地学习政治理论，并且立志要成为新中国第一批政治理论家。我的医生梦就此搁浅，但从没有后悔过！如果再让我选择一次，还是会毫不犹豫地选择去学习军事和政治理论，选择加入革命队伍。

那个时代我们把革命看得比什么都重，全身心地投入学习，每个人都斗志昂扬。我抱着建功立业的心态，力争要成为国家需要的、有觉悟的高级人才。1950 年朝鲜战争爆发，中国人民志愿军入朝作战，志愿军打响入朝作战第一仗的次日，党中央发动了一场声势浩大的抗美援朝运动。这场运动的蓬勃发展不仅有力地支援了志愿军在朝鲜战场上的作战，也有力地促进了国内各方面工作的开展。在党中央"抗美援朝，保家卫国"的号召下，全国掀起参军、参战、支前的热潮，这也极大地影响和振奋了在校园里的我们。面对美军肆意越过"三八线"威胁中国安全的行为，当时的年轻人都很激动愤慨！大敌当前，我和同伴们的爱国热情又一次燃烧起来。我们坚定了要为国家奉献力量的决心，为了保卫祖国的安全，大家争先恐后地参军，奔赴祖国最需要的地方。

1950 年济南华东大学与山东大学合并，学校东迁至青岛。抗美援朝期间，青岛全市各界积极响应，宣传中央的消息和各地的抗美援朝活动，并举行了制订爱国公约、捐献飞机大炮以及爱国卫生等活动。那时候各兵种的军事干部学校响应国家需要，面向大、中学校招生，以培养有文化、有觉悟的高级军事人才和政治干部。此前我就时刻准备好要去参军，青岛刚开始招生时就立刻报名，最后如愿以偿地参加了海军。

我记得临行前的那天晚上，学校举行了隆重的欢送大会，为要去当兵的同学们送行，大会结束后大家一起聚餐。当时每逢开大会大家都要"自由演讲"，抒发自己对革命的热情、对国家的热爱、对自己理想抱负的憧憬。那天我喝了点酒，也许是"酒壮人胆"，听到司仪宣布："自由演讲开始！"我便摇晃着身子奔向了主席台。

临行前，大家的心情都五味杂陈，一方面为自己能给国家奉献力量而激动，但另一方面又为战争感到担忧，为自己将要离开家人、朋友和故乡而感到悲伤。在台上演讲时我越说越激动、越说越兴奋，说到激动之处我的嗓门陡然变高："我将成为英雄死去——"，话音一落，会场先是一片沉寂，可能大家都以为我说走了嘴，出了什么问题。没想到我略作停顿之后，继而把手一挥，用更高的嗓门喊道："或成为英雄归来！"没想到喊出这句之后，会场上瞬间爆发出雷鸣般的掌声，似乎要把整个夜空炸开锅，大家再也平静不下来……

那一次，我带动了整个大会的氛围，也鼓舞了大家参军的决心，校领导跑过来紧紧地握住我的手，同学们也蜂拥过来把我抬了下去。那晚，我的行动让所有人感到惊奇，我的发言更是让他们不停地喝彩。特别是最后两句，现在想来称得上是神来之笔，但其实我自己也不知道当时是怎么想出这两句来的！

"我将成为英雄死去，或成为英雄归来。"这是一个革命者即将踏上征途时的内心表白。我19岁弃医学政，20岁投笔从戎，如果那天晚上不把自己想说的话全说出来，不把那个年代年轻人的革命英雄主义豪情充分展现出来，我将终身遗憾。后来常常想起这句话，仍然觉得这是我人生中最精彩的演讲，那种爱国情怀、那种青春稚气、那种理想抱负，每次回想都使我的心情难以平静。

犹记得第二天，欢送我们的师生早早地就挤满了青岛火车站。他们敲锣打鼓，挥动彩旗，掌声、歌声、口号声如潮水一般涌动着。我们身配大红花的数百名新兵，个个激情昂扬、热泪盈眶，望着亲人的面庞，千言万语不知该从何讲起！一声笛响后，告别了亲人、朋友，踏上了前行的列车，大家心中都充满了离别的悲伤。列车启动，我们在车上看着被西斜的阳光照耀得一片金黄的胶东大地，随着隆隆的车轮声渐渐退出视线。1950年12月的那个下午，我们一遍又一遍地哼唱着："再见吧，妈妈，别难过，莫悲伤……"就在这歌声中我们离开了故土，离开了母校，离开了一生中梦幻般美丽的学生时代。那一年，我20岁。

20 岁的谷音

心中有阳光，脚下有力量

　　我们一行人先是坐火车到了济南，刚到济南没多久，中央突然来电要调派 20 个大学生去中央参加工作。我们的队伍一共有几百人，听说这个消息后大家都很积极主动，都想着去北京就能见到毛主席了。但是在几百个人中选拔出 20 个有文化、有觉悟、政治素养高的青年人才，这种竞争其实很激烈。新中国成立初期，一切都百废待兴，国家建设特别需要知识青年的参与，而且那个时候人才很难得，因此党中央非常重视军事和政治人才的选拔和分配工作。幸运的是经过严格挑选，我被选中了，去了北京被分到中国人民解放军海军政治部宣传部，于是在 1951 年正式参加了工作。

　　中国人民解放军海军是我国的海上武装力量。1949 年 3 月，毛主席和朱德总司令指出中国人民必须建设自己强大的国防，除了陆军，还必须建立自己的空军和海军。同年 4 月，中国人民解放军华东军区海军在江苏泰州白马庙宣告成立，从此，在中国人民解放军序列里出现了一个新的军种——海军。1950 年，海军领导机关在北京成立，这是中央军事委员会领导和指挥的海军部队最高领导机关，之后还组建了东海舰队、南海舰队和北海舰队，维护我国领海的安全。

我当时在政治部下属的宣传部任职，政治部主要包括组织部、宣传部、保卫部和文化部几个部门。宣传部的主要工作是在部队中宣传党的路线、方针、政策，号召全军学习政治理论，通过报纸、广播、黑板报、文艺活动等各种形式进行理论宣传，保证全军与党中央在思想上、政治上保持高度一致；加强军队精神文明建设，保证军队政治合格和战斗力的提高。

我刚开始工作那段时间，正逢解放军开展文化教育运动。新中国刚刚成立，解放军战士的文化水平普遍偏低，因为在旧社会他们为了生活在死亡线上挣扎，绝大多数人没有读书识字的机会，参加革命后，虽然也学了一些文化知识，但零零碎碎不成系统。在此情况下，为了提高战士们的文化素质，全国开展了大规模的扫盲活动，开始有计划地普及小学、中学教育。其实早在 1950 年中央军委就发出了关于在军队中实施文化教育的指示，指出全军除执行作战任务和生产任务外，必须在一个相当长的时期内注重文化学习，以提高文化为首要任务，并且提出了 1951 年部队教育实施方案，制定了速成的、联系实际的但又是正规的教育方针。

1952 年中央军委又颁发了《部队文化教育大纲》，提出要以文化教育为中心，文化教育时间要占全部训练时间的 50% 以上。中央的指示下达后，各部队就开始积极制订教育计划，全军上下随即掀起了群众性的文化学习热潮。当时，在训练场上，在工作岗位上，甚至在火车、轮船、汽车上，都可以看到干部、战士们埋头刻苦学习的情景。为了响应国家号召，中国人民解放军海军政治部宣传部就把我们一部分年轻干部集中起来办了一个文化教育办公室，要我们为战士们普及中小学教育，动员大家一起学习、交流。于是，我就开始在文化教育办公室工作，平时除了教学也参与宣传部的各种学习会议和宣传工作。这是人民解放军历史上一场全军性的、系统的文化教育学习运动，通过这场大规模的学习活动，我个人也学习了很多理论知识。在宣传部工作的时间虽然只有短短几年，但我积累了很多工作经验，进一步提高了政治素养，真正感受到了自己对政治专业的热爱。在我刚踏入社会的那几年就有了这样好的机会，我觉得自己很幸运！

那时，全国范围内成立了许多文化速成学校，它们继续推进全军性的文化教育学习活动。文化速成学校是部队内的一种特殊的教育方式，它采取速成的形式把干部们和战士们集中起来接受一段时期的教育，学习一年就可以初中毕业，学习三年就可以高中毕业，然后参加工作。当时，部队里士兵和干部的文化水平普遍偏低，甚至还有一大批文盲和半文盲，因此全国开展了军队向文化进军、开展大规模文化学习的运动。从1953年6月开始，先后成立了300多所文化速成学校，1955年以后全军对文化速成学校进行了整顿，其中一部分文化速成学校转为各军兵种预备学校，一部分整合为军区干部文化学校，还有一部分撤销建制，直到1960年全军取消了文化速成学校的建制。

现在看来速成教育虽然发展速度快，规模也很大，但这样的教育不够正规，缺乏周密的教育计划，以致战士们的学习质量也不甚如意。但不可否认，这场学习运动培养了大批从事文化教育工作的知识分子，在当时的确是起了很大作用。通过学习，许多干部和战士大大提高了文化素养和政治素养，他们的阅读能力和写作能力提高了、视野开阔了、思想活跃了，其中还有一部分优秀的学员考上了军校或到地方大学继续深造，这为建设现代化的军队打下了初步的基础。

1954 年在海军宣传部文化教育办公室的工作结束后我来到了上海，在上海第四文化速成中学当语文组的教研组长，同时也在机关里担任共青团的宣传委员。我平时的工作除了教学外就是办一些黑板报来进行宣传活动，每周一期，我是主编，主要工作是整理和修改大家的稿子后再刊登出来。这与我之前在海军宣传部时期的工作性质差不多，而且这项工作很有趣，在审稿过程中时常能读到一些很有价值的文章，并且通过和大家交流思想，提高了自己的阅读能力和写作能力，是一份很有意义的工作。

1958 年我到苏州北部的乡下进行劳动改造，由于经常给领导写材料从而锻炼了我的写作能力。3 年后，我被分配到苏北农村的一所中学当老师，我很高兴回到了教书的老本行。我喜欢教书的工作，也喜欢跟孩子们接触，以前在部队和学校里教学的经历一直深深地印在我脑海里。在那里教书的时候，我经常给学生讲以前的革命经历，也讲一些有趣的历史故事。课本是静态、抽象的，学生们容易乏味，用通俗的、带入情感的故事讲课可以使他们产生兴趣，也可以激发他们的爱国热情，在了解历史传统中学到知识。我坚强、乐观的性格和幽默风趣的讲课方式感染了学生，引发了学生们对学习的兴趣，因此很受他们欢迎。孩子们的成绩提高得很快，并且我教的班级升学率一直很高，这点让我非常自豪。

1978 年十一届三中全会后，我再次回到上海，上海市委组织部考虑到我的专业和工作经历，把我分配到了黄浦区瑞金二路街道办事处，这一待就是十几年。

记得我初次到上海时，就被它独特的城市魅力吸引住了，它的欧派建筑风格很明显，街上的外国人也很多，与海外的经济文化交流频繁；但同时，鳞次栉比的早点摊、糕点铺及随处可见的电车又散发着浓浓的生活气息，这些都与我一直生活的北方城市有很大不同。那时战争刚结束，新中国成立也才不久，物资比较缺乏，人们的生活水平不是很高。改革开放后我再次回到上海，也再次见证了这座城市的迅速崛起。如今的上海不仅是中国最繁荣的经济中心，也是有着红色革命文化传统的历史名城。就拿我工作过的瑞金二路街道来说，这条街道的历史底蕴可以说非常深厚，一些在中国历史上具有影响力的人物如孙中山、周恩来、张学良、巴金等都曾经在这里工作和生活过。这些年我们在老建筑的建设和保护上做了很多努力，它们既是带有历史人文因素的教育观光胜地，同时也是舒适的居住地。我在这里生活了几十年，不管是作为街道老干部还是居民都觉得十分自豪。

热切的爱国情怀

1990 年我从瑞金二路街道办事处退休，退休后一直没闲着，我对街道有感情，时常参加街道里的一些活动，还多次获得了"离休干部先进个人奖""老有所为精英奖""优秀共产党员"等荣誉称号。我爱交朋友，我们一部分退休干部自发组织了一个老年知识分子俱乐部，大家的职业各异，有退休的大学教授、医生、工程师等。平时，我们经常聊社会热点、聊自己的生活，有时也会组织起来办一些老干部文化活动，在微信里大家也时不时地聊天、分享自己的生活故事，很是有趣。

2005 年，街道办事处举办了一个名叫"党员学先进"的活动，在活动中，大家一起学习、探讨，还想了一句口号："党员先进，群众得利"。我有幸获了奖、得了奖金，但我想这未能体现"群众得利"的宗旨啊，于是就把党委发给我的奖金捐给了居委会。从那年开始，我每年都会给居委会捐 1 000 元钱。现在我离休了，身体也不好，不能像以前那样经常参与街道活动，没办法为大家再出一份力，所以想用这样的方式表达自己的心意。

2007 年正值中国人民解放军建军 80 周年，黄浦区举办了建军 80 周年国防教育征文比赛。我是很喜欢写作的，在这个具有纪念意义的日子，我写了一篇回忆文章——《当我 20 岁的时候》，讲述了年少时期的学习和参军经历，回忆了新中国成立前后的革命形势和百废待兴的国情，有幸获得了三等奖。

　　我虽然年纪大了，平时也很少出门，但却时时刻刻关心着国家和社会的发展。我们这一代人生长在革命年代，每个人都有自己曲折的人生经历，也都见证了新中国的成长，因此对国家有很深的感情，党员立场和爱国情怀已经深深地刻到骨子里。

　　我们这一代人看到社会上出现的许多问题总觉得不能坐视不管，并且"管一管"似乎已经成了一种本能。可能现在年轻人都不是很理解我们这一代人的做法，他们觉得这是多管闲事，可在我看来身为社会的一分子就要为社会出一份力。如今国家越来越富强，老百姓的日子也越来越好，这是全部中华儿女共同努力的结果，如果人人都对社会上不和谐的事情视而不见，那是要出大问题的。年轻人现在生活在很幸福的时代，虽然衣食无忧但还是应该多关心国家大事，因为祖国的未来还是要靠一代代年轻人来创造。

　　多年的专业学习和工作经历使我养成了关心时政的习惯，我每天都看新闻，关注国家大政方针。

　　比如看到纪念澳门回归18周年的新闻时，我的思绪就仿佛回到了多年前那激动人心的时刻。我记得1999年澳门回归时，多少中国人热泪盈眶啊！各地都举行了盛大的庆祝活动，兴奋的人群热烈欢呼着，可谓是举国欢庆。那时候我办了一个老年书画社，许多好友聚在一起练书法、画国画，还经常举行一些书画艺术展和文化交流活动，旨在陶冶情操、丰富大家的文化生活。澳门回归时，我们便一起商量着要送一份特别的礼物给澳门特区。为此大家画了许多画，写了很多书法，装订成画册准备送给澳门特区。当时我还曾作为代表在黄浦区的大会上发言，本来是准备了一份稿子的，可是因为内心太激动、太紧张，准备的稿子居然完全没用上。现场记者采访时问我对澳门回归有什么感想，我说我们书画社的老同志对澳门回归都特别地激动，我们的老同志平均年龄是 75 岁，有的人盼这一天盼了 60 年，有的人盼了 70 年，有的人盼了 80 年，我们这一生都在期盼着澳门回到祖国的怀抱、期盼着祖国的大团结。

我们这一代人生在国家危难之时，同国家一起成长起来，个人的命运与国家的命运始终紧紧地联系在一起。自少年时期我就立下了"为祖国鞠躬尽瘁，死而后已"的誓言，最大的理想就是国家繁荣富强起来。如今常回想起新中国成立之初，社会百废待兴、人民生活水平低下的状况，再看经过几十年的努力，现在的中国已不可同日而语。改革开放以来中国的国家实力不断增强，国际影响力也不断提高。我们老一辈的愿望不断地在实现，长江后浪推前浪，我相信在年轻一代的不懈努力下，未来的中国将更加繁荣、更加强大、更加自信！

（采访及整理：伦雅萍）

老上海走出的新青年

讲述人：陈震海
时间：2018 年 1 月 23 日
地点：上海市淮海中路 613 弄陈震海家中

陈震海，1928 年出生于浙江海宁，1944 年参加革命，同年加入中国共产党。抗日战争期间，就读于惠中中学（今五爱中学）；解放战争期间，就读于大夏大学（今华东师范大学）；新中国成立后从事教育事业，1988 年离休。

波澜壮阔的学生运动

我叫陈震海，在四个兄弟当中排行老三。大哥陈震东 1936 年进入黄埔军校学习军事，抗日战争期间加入了远征军开赴缅甸作战，在战场上受重伤几乎丧命，但幸运的是活下来了，并且在退役后继续为社会做贡献；二哥陈震中毕业于圣约翰大学（1952 年停办，校址划归华东政法大学），当时是学生运动的领袖人物，曾担任过中华全国学生联合会副主席、上海市学生团体联合会主席的职务；弟弟陈震雷比我们小了近 10 岁，他从上海交通大学毕业后主要从事航空航天工作。

1944 年我 16 岁，刚上高一，那年 7 月我参加了革命，加入了中国共产党。抗日战争期间，我在上海惠中中学读书。战争期间学习不仅是为了自己能够有进步，更是为了和同学们团结起来共同抗日。

1941 年太平洋战争爆发日美两国正式开战，日本军队四面出击，兵员和军备愈发紧张，胜利的天平开始向我方倾斜。此时同学们在思想上也有所觉悟，而我们地下党员的工作就是继续鼓舞他们，帮助他们彻底认清局势。比如，上海延安路附近有一个草棚搭的电影厂，我们就在那里放映苏联电影。当时苏联还没有宣布对日作战，所以日军不敢轻举妄动阻止我们。我们就邀请同学们去那里看书、看电影。有一次放了一部讲述岳飞精忠报国的电影，里面的岳飞那满腔热血的形象，让同学们看了之后深受鼓舞！我们就是通过诸如此类的方式来团结同学，凝聚抗日力量。

中学毕业后我考取了大夏大学（今华东师范大学），就读于化学系，那是个做实事的专业。平时我们常做一些对大家有利的小事，比如为学生制墨水；还有大热天的时候房间里咬人的臭虫很多，我们就自己动手做DDT（有机氯类杀虫剂）给每间屋子驱虫。通过这种方式也无意中了解到宿舍里哪些人有手枪，这些人有可能是特务，也有可能是国民党三青团成员①。因为当时有一些特务会混在学生当中，他们一边读书，一边盯着进步学生，在暗地里搞破坏。我作为地下党，需要识别哪些是想要为国家出力而读书的人。

解放上海时，解放军从上海郊区向城区进攻，需要内部的配合。这时就要发动我们青年学生的力量。我们的主要任务就是团结广大的学生。青年学生主要是在城区中闹，牵制住部分国民党军事力量，减小解放军的压力。那时候学生活动很频繁，而且形式多样，有激烈的，也有隐蔽的。激烈的方式就是上街游行，我们游行时候喊的口号都是从老百姓的角度考虑的，如"反对内战，一致对外"，没有老百姓是希望打仗的，因为战争越激烈老百姓越受苦。这些口号喊出了他们的心声，因此非常受老百姓支持。学生游行就算被国民党的马队横冲乱撞也不怕，一旦他们这样蛮横，被老百姓看到只会更失民心。此外学生来自各个阶层，能读书就证明他们具备了一定的社会关系和经济实力，所以敌人通常也只是镇压而不敢轻易屠杀。在学生运动中一旦有学生暴露，就会被转移到解放区，在那里跟解

① 三青团，全称三民主义青年团，是国民党为了同中国共产党争夺青年，加强反共，并统一国民党内各派系的青年组织。

放军一起开展武装斗争。我们就是用这样的方式和解放军相互配合、共同作战。

我们这群学生的家庭条件都还不错，比如像我，家里有汽车、电话。但我们不仅仅着眼于自己的生活，当看到侵华日军杀害同胞，社会恶势力欺诈老百姓，我们就会义愤填膺。虽然地下工作保密性高，但和社会是联系的，和百姓是相通的，我们在看、听、思考、判断；同时也在不断地看书学习，比如学习茅盾等进步作家的作品。鲁迅先生曾说过："世界上本没有路，走的人多了，也就变成了路。"这句话对我们有不小的启迪。我父亲曾经参与翻译鲁迅先生的作品，而翻译文章也正是为了宣传中华民族不屈的精神。

我们的学生运动一定程度上是受了"一二·九"运动的影响。1935 年，清华大学和北京大学的学生在北平举行抗日游行，这对促进全国抗日统一战线的形成起了重要作用。后来我们这批人长大了，成了他们的接班人。我们都有共同的目标，始终坚信党所领导的方向是正确的。

抗战初期我方处于被动状态，没有先进武器，相比之下日军装备先进，工业水平高于我国。在装备上我们比不过日军，但在精神、士气上要超过他们。1937 年贺绿汀创作了《游击队之歌》，这首歌在当时几乎所有人都听过，学生们就借用这首歌，通过娱乐的形式把中华民族的精气神表现出来，以此培养同学们的斗志。

学生们唱的歌都是有血有肉的，很容易让人产生共鸣。比方说当日本兵来了就唱岳飞的《满江红》，这是大家从小就会唱的歌曲，很有感染力。我以前在街上见到过日本兵要中国老百姓向他们鞠躬，如果不鞠躬就拿枪托打人，因此我在唱这首歌时就想着总有一天会把鬼子们消灭掉，把他们赶出中国的领土。而《大刀向鬼子们头上砍去》的歌词也写道："大刀向鬼子们的头上砍去，全国武装的弟兄们，抗战的一天来到了，抗战的一天来到了！前面有东北的义勇军，后面有全国的老百姓，咱们中国军队勇敢前进！"再比如还有首叫《茶馆小调》的曲，讽刺的是国民党的独裁，这曲子最后唱的是"要把他们'从根铲掉'"，简单幽默且富有激情，有着鼓舞人心的作用。我们学生相信音乐的真和美，相信凭借它可以充分展现自己的个性。诸如此类的很多歌曲都是从小陪着我们长大，歌里唱的都是对国家、民族的一种真切情怀！受这类歌曲的影响，我们这些青年的意志都很坚定，从来不会去做无聊的事，一心就想着彻底打败日本帝国主义侵略者，打倒国民党的统治，改变国家受欺负的局面。现在回忆起青年时期，真觉得年轻时的自己每天都充满活力！

革命先辈的榜样力量

我一直坚信要以真心换真心，干革命不能有私心。我和战友们总是坚持着同一个目标，同心同德。我经历过抗战，那段经历是很艰苦的，但是我没有被击垮，而是选择直面困难。对我个人而言除了正确的是非观以外，还有榜样的力量在支撑着我，我的榜样主要有四位先生。

第一位是我的父亲陈巳生。我父亲有个哥哥也就是我的伯父陈淼生，父亲和伯父曾在上海静安区山海里 17 号置办了房产，那里后来成为他们的主要活动地。我父亲信奉基督教，曾在基督教青年会夜校学习英文，后游历欧美回国从事工商业。抗日战争期间他和伯父投身于抗日救亡运动，我父亲的主要任务是掩护地下党、捐赠粮食以及组织成立民主党派上海民主促进会以支持抗日。抗美援朝战争爆发后，我父亲积极组织捐款捐物，当时他担任华东抗美援朝总分会第二副主席，还任中国人民第一届赴朝慰问团华东暨上海慰问分团团长。他在朝鲜目睹了中朝战士在战场上英勇杀敌的情景，异常激动。在前沿阵地，他以上海工商界代表和中国民主促进会会员的身份，向上海和全国各界人士发出捐献飞机大炮的倡议。由他首先提出的这个倡议，得到全国人民的响应和支持，有力地支援了朝鲜战场。

第二位是我父亲的战友赵朴初先生。他就读于东吴大学中文系，大学时代即开始学习佛学，日后在佛学上颇有造诣。抗战全面爆发后，他在上海成立了净业孤儿教养院，收养战争中失去家庭的孤儿和烈士的遗孤。这些孤儿长大后有很多都参加了革命。我父亲与赵朴初先生志同道合，像亲兄弟一般。我们兄弟几个从小就在孤儿院帮忙，受到他很多的影响。

第三位是段力佩先生，也是和父亲一同作战的战友。上海解放前段力佩先生曾在净业孤儿院工作，他不仅在生活上照料这些孩子，还在学业上帮助他们。日后这些孩子很多成了有文化、有见识的人，可以说为国家培养了一批人才。上海解放以后段先生专门从事教育工作，担任静安区育才中学校长，是上海教育界的大师。他认为智育是

陈震海父亲陈巳生

关键，德育是根本，体育好比仓库，只有好的身体才能容纳知识，脱离了智体这个基础，掌握德性就非常困难了。

最后一位是孙起孟先生，他原先在东吴大学学习政治，毕业后成为一名教师，主要从事职业教育。他是中国民主建国会的发起人之一，孙起孟是老一辈民主党派的重要领导，为民建的创建和发展做出过卓越的贡献。此外他还参加筹备新政协工作，任筹备委员会副秘书长，并出席中国人民政治协商会议第一届全体会议。

抗日战争、解放战争期间以及新中国成立以后，这三位先生和我父亲同心同德，为了真理都不怕牺牲，对党和国家的事业做出过贡献。对于我们陈家人来说，能够认识这三位先生也是三生有幸。老一辈革命家都是我们的榜样，他们的爱国情怀深深印刻在我们脑子里，当站在他们奠定的基础上向前看时，自己的行为表现不仅要对得起前辈，更要对得起祖国和人民。

国家利益与个人信仰

新中国成立后我转入了教育系统工作。我认为教育的对象是人的灵魂，许多老师都跟我有一样的见解。曾经有一个姓陆的老师告诉我，有些同学在上党课的时候提出一个问题：入党到底有没有好处？这个问题其实很重要，市场经济讲竞争，追求利益最大化，所以很多人做事的动机都指向了钱。有的人觉得入党吃亏了，有的人则认为党的培养是为了让自己担当起更大的责任，这是两种不同的态度。

有的人一心向往名利，刚取得一点成绩看到哪个地方待遇高、环境好，就立马跳槽过去，这种人终究难获大的成就，这样的例子并不少。只有坚定信仰、心系祖国和人民的人，才有可能心无旁骛地走下去，最终取得胜利。

我的女婿张文江毕业于华东师范大学中文系，现在在同济大学专门研究中国古典文学。他师从潘雨廷先生，师生二人在庄周哲学方面都有很深的造诣。学习中国古典文学应该是中国人的责任，中国传统文化像是一盏明灯，可以滋养人的心灵，现代人一定要懂一点中国的传统文化。当然新时代的新思想、新矛盾、新目标也要明确，不明确的话就会把自己置于被动地位。在个人的成长道路中，每个人都会遇到各种各样的挫折，但是只要以强大的勇气、智慧和精神力量面对，就不会被困难吓倒。年轻人要有理想、明是非，幸福的生活是在精益求精、学无止境的追求中被创造出来的。

1988 年离休以后我在社区参与创办了一个英语教学班。因为我年纪大了，所以社区居委会介绍了一批年轻人来做志愿者，这群年轻人在各个岗位上发挥了骨干作用。此外我们离休的老同志还创办了渔阳里文化研究会，环龙路老渔阳里（今南昌路 100 弄）是上海早期青年运动的重要活动场所。

我在上海出生，经历了上海波澜起伏的发展变化历程。上海汇聚了来自全国各地的人，有寻找广阔天地的优秀知识分子，有试图实现发财梦的商贩，有想改变命运的劳工。当然更多的是土生土长的上海人，他们从小就听说过，松江府乌泥泾镇（今上海市徐汇区华泾镇）有一位会织布的黄道婆，中国人的纺织技术就是由她改进然后推广开来的。再如徐光启，官至明朝的礼部侍郎，他不只是熟读四书五经，更关心的是强国利民的经世实学。因此他在埋头诗书和八股文的同时，也阅读了不少兵书和科技书籍，在数学、天文、历法、军事、测量、农业和水利等方面都有重要贡献。

西方人在经济、技术等很多方面也影响了上海的发展。西方人来上海经商赚钱，同时也使得上海更国际化。比如说西洋建筑、洋泾浜语、沙发等都是我们原来没有的；电灯泡来自美国，电力公司最初也是先开在租界，后来才把路灯和家庭供电普及到了各处。上海当时被称为"十里洋场"，银行、保险业的兴起都早于内地。以前我们只有典当行，把东西暂时抵押在那里，换点现钱，等有钱了再赎回去。之后一些留洋的中国人学习外国的保险业，将保险公司引入了中国。我父亲也从事过保险业，他那时就是受了英国人的影响。各种文化在上海生根、开花、结果，它们虽然来自不同的地方，但是却被移植到了同一个社会环境里，最后理所当然就形成了一种全新的文化。海派文化其实就是各种文化交流、融合的结果。

　　我曾经收藏了一首由习近平主席寄语谱曲而成的歌曲《堂堂正正一辈子》的乐谱，我觉得这首歌的歌词写得很有意思，尤其是告诉年轻人要有信仰、有道德、有好态度。实际上不仅是年轻人，无论是哪个年龄段的人，都应该像歌词中所说的那样堂堂正正做人。

（采访及整理：徐辰雨）

伟大时代的一员"小兵"

讲述人：王乾德
时间：2018 年 1 月 28 日
地点：上海市乌鲁木齐南路王乾德家中

王乾德，1927 年生，祖籍宁波，现居住于上海市。曾任上海市黄浦区委宣传部部长、上海市卢湾区财贸部部长、上海大学商学院院长。上海市中共党史学会渔阳里历史文化研究会发起人之一，现为研究会名誉会长。

八平方米的五口之家

我出生于 1927 年，有两个姐姐，我是家里唯一的儿子，那时还有重男轻女的思想，因此父母对我呵护备至。我原本享受着幸福的童年生活，但是战争的爆发把我的幸福童年彻底打碎了。

父亲原是杭州著名国药店叶种德堂的制药工，专卖驴皮膏（一种补血的药），后成为杭州工会的主要成员。当时父亲的工资为 20 银元一个月，而一般职工只有 8 元，他的工资算是比较高的。两个姐姐在上海虹口的鹅牌针织内衣厂工作，十分辛苦。她们早上 5 点就要进厂，一旦迟到就不能进厂，还要被罚钱；工作到中午 12 点才能吃自己带的午饭，吃完后继续做工，直到晚上 9 点放工才能回家。这样超负荷的工作导致"十个女工，九个有胃病"。姐姐们一个月工资大概 5 元钱，仅能供得起自己的饭食。母亲是家庭妇女，除了照顾家里的日常生活外，还靠做药袋来贴补家庭开销，大概一个月能赚两元多。

这样的五口之家，三个人工作，只为供我一个男孩读书。我小时候在长阳路的一所小学念书。父母希望我能读到初中，因为在当时的年代，唯一的出路就是努力读书，将来能找到好的工作。

抗战全面爆发前，我们住在上海虹口区一栋没有厢房的石库门里（现德安路 117 号），一栋房子每个月租金大致二三十元，里面住六七户人家都不稀奇。房子的空间十分狭小，台子都是可折叠的。我们四个人（父亲当时在杭州工作）就住在一共八平方米的后客房里。

抗日战争全面爆发后，很多人逃到英租界和法租界。我们一家也成了难民。以前虽然只有个八平方米的家，但好歹有个吃饭、睡觉的地方，可后来连这样一个小小的家也没有了。

我和母亲最先逃难至杭州，两个姐姐在"八一三"事件爆发后也逃了过去。全面抗战爆发两个月后，杭州被日军占领，父亲失业了。最后举家逃回余姚老家，我们曾一度为了生计而犯愁，好在家乡的棉花纺织比较有名，姐姐们开始了辛苦的纺织劳动，靠织布换钱。到了1938年，日军大部队开始撤出上海，去侵占中国别的地方，父亲便前往上海找工作。他虽是制药能手，但却找不到药店继续做制药的工作，因此只好到神裕袜厂做普通工人，就连这样的工作也是托亲戚朋友帮忙才找到的，工资更是大不如前。姐姐们后来也回到上海，继续到鹅牌针织内衣厂工作，工厂虽恢复了，但规模却小了不少，地址也搬迁到位于建国东路的法租界。

记忆中的抗战史

1931年9月18日，侵华日军在东北蓄意制造"九一八事变"。由于国民政府的"不抵抗主义"，东北军首领张学良率军撤入关内，日军几乎不费一兵一卒就占领了整个东北。虽然国际联盟曾介入并要求日军退出，但日军还是在东北建立了"伪满洲国"。这对蒋介石政府来说是一大耻辱，对中国人民来说也是一大灾难。《松花江上》这首歌多年来一直在我脑海中徘徊："九一八，九一八，从那个悲惨的时候！"

日本军队于1932年1月28日，突然向驻守上海闸北的国民党第十九路军发起攻击，"一·二八事变"爆发。当时驻扎在上海的第十九路军是国民革命军中一支能征善战的劲旅。在全国人民抗日热潮推动下，军长蔡廷锴和总指挥蒋光鼐率部奋起抵抗，保家卫国。日军向闸北驻军发动进攻后，十九路军七十八师就地抵抗，未战几时七十八师便伤亡惨重。于是全市各界纷纷组织义勇军、敢死队配合第十九路军抗日。蒋光鼐、蔡廷锴等爱国将领在全国一片抗日救亡声中亲率第十九路军奋力抵抗。但日军的支援极快，守军被迫撤退，英、美、法三国为保护在沪租界利益，在中日之间奔走"调停"。最后国民党政府与日本签订了丧权辱国的《淞沪停战协定》而结束事变。

1937年，日本军队又挑起"七七事变"，全面抗战由此拉开帷幕。而后日军狂言"三个月占领中国"。1937年8月13日，日本军队进一步扩大对华侵略，开始了淞沪会战。淞沪抗战进行了三个月，中国军队以血肉之长城抵抗日军炮火，所有官兵视死如归，个个奋勇当先，也打破了日军三个月占领中国的狂妄言论。

苦不堪言的学徒生活

1939年，我重新回到上海，在万康宏酱园开始了漫漫学徒生活。万康宏酱园店创办于19世纪70年代初，地点在现在的西藏中路北京路路口。这是一个分店多、职工基础比较好的大酱园，后来成了酱业中的红色据点。现在回忆起那时做学徒的日子，可以用四字概括：苦不堪言。

学徒属于商店里最底层人员，一般要从每天清晨 5 点工作到晚上 9 点，真的是"早上起得比鸟早，晚上睡得比鬼晚"。我刚进入酱园的时候正值寒冬腊月，上海冬天的气温有时会降到零下七八度，酱园的店门面朝西北开门，所以风直灌进店内，非常冷。尽管我穿着母亲手工做的棉鞋，但由于酱园店地面潮湿，鞋底鞋面会慢慢被浸湿，甚至全部湿透，以至于脚上长了冻疮，时间一长，冻疮还会溃烂化脓。

回想起来其中最苦的还是做工。学徒的第一项工作是把坛中的腐乳一块块地捞出来。一个坛子大致有 140 多块腐乳，因为腐乳是软的，学徒们只能用手一个个慢慢地往上捞。每天我的手都会被冰冷的水泡到没有知觉，先是冷，再到破皮出血，直至麻木。我当时还小，疼的时候常哭得哇哇叫。食堂师傅好心让我把手放在温水里泡一泡，但是冻伤的手放在温水里只会更痛，只能起到一点心理安慰作用。学徒的工作除了捞腐乳，还有很多杂活，比如早起泡开水、打扫房间、买早饭、擦玻璃、搓煤球。

当时有一句流行的话可以概括我的学徒生活：白天三顿饭，夜里三块板。从早上 5 点钟一直工作到晚上 8 点打烊后还不算，还有不少清洁工作，因此我的睡眠严重不足。晚上就睡在店里，拿三张破木板搭在椅子上将就着睡。又苦又累的工作从未停止，以至于我好几次都想逃走，但全靠一句宁波老话支撑着我：坚决不做"回汤豆腐干"，否则一世抬不起头。

酱业职工的"石米运动"

有苦难就有反抗。在当时那种情况下，上海酱业职工大多是远离家乡前来讨生活的，他们的妻子在家里忍饥挨饿，孩子缺衣少食。于是酱园店职工开始酝酿加薪运动，后来整个上海酱业爆发了长达 8 个月的"石米运动"。

1942 年初，日军进入租界这座孤岛后不久，即布告规定"所有职工不得罢工进行经济斗争，违者一律格杀勿论"，真是不讲道理的蛮横。那时我刚好 15 岁，做学徒还不到两年，依稀记得当时一个普通职工的工资收入每月只能买 3 斗米（约 25 千克）。但当时酱园职工一个月的工资还买不了 3 斗米。简单来说，如果 1 斤米（1 斤 =0.5 千克）相当于 5 碗阳春面，那么一个月的工资大概就是 250 碗阳春面，250 碗面要供全家老小吃一个月，可以说是很难的。因此人们用"吃的苞米饭，拿的零头钱，出的牛马力，活得像瘪三"这样的话来表达对现状的强烈不满。1937 年前，职工一个月的最低工资大概可以买二石米（一石约为 60 千克），可见战争对于老百姓来说真是苦不堪言。在这样的情况下，"石米运动"发生了。

在汪伪政权的工会统治下，职工生活极其困难。而伪工会只收会费，其他什么也不管。酱园里的员工叶平号召大家："工会不管，我们就自己想办法。"之后他向全行业职工发出《告同仁书》，里面指出了"百业凋敝，物价飞涨，米珠薪桂，工资相对严重低落，辛苦所得难以养家糊口"等现实情况。叶平还向同业同仁提出建议："要求各酱业园职工薪水最低每月以一石米为标准，借以节衣缩食，艰难度日。"《告同仁书》引起了伪工会的注意，伪工会即刻派人到各酱园，企图压制、吓退大家，但职工们对争取一石米作为最低工资标准的态度仍十分坚决。

在通货膨胀和不信任储备票（汪伪政府印的钞票）的情形下，职工们提出将不断贬值的货币工资改为实物工资，最终取得了胜利。酱业工会与同业工会最后签订了协议，这场运动使职工的生活得到了一定的改善。

坎坷入党路

"石米运动"的胜利告诉我们，工人要团结起来斗争，才能保障自己的权益。所以我从1941年开始，持续关注有关革命进步的书刊，像蒋光慈的《少年漂泊者》就看得我热血沸腾。17岁时，我自认为已经长大成人，立志要做一名革命者。当时上海的共产党还处在地下活动状态。1941年，太平洋战争爆发前后，我的大姐王娇英由于在工厂表现突出，被称为"工人的穆桂英"。因为姐姐工作积极努力，厂里的共产党员杨保珍同志就介绍她秘密入党。在这过程中发生了一件惊险的事情。我大姐的入党申请书由杨保珍交至神裕袜厂的另一位党员武文斌。当武文斌正在看姐姐等人的入党申请书时，几个日本兵突然闯进门来，如果几份入党申请书被日军看到，那后果真是不堪设想。武文斌当机立断，将申请书扔进马桶冲掉，这才躲过一劫。但是武文斌却被日本人抓了起来，关押了 5 个月才放出来。杨保珍得知这个消息马上告诉了我姐姐，姐姐入党的事情只能暂且搁置。

这之后我还联系过我的同学王展声，他是一名车间工人，也是地下党无锡区的区委委员。他在江宁路办了个职工学习补校，叫勤余业余补习学校。补习学校是公益性质的，不收费。后来王展声被日军通缉，不得已逃走。日军一直追到我叔叔工作的药店民生堂，叔叔是药店的经理，日军问："你侄子有没有来过？"叔叔说："我亲侄子在酱园店工作，乡下还有好几个侄子，不知道你说的是哪个？"日军听了连抽他几个耳光，但问不出个结果，也只能作罢。之后叔叔赶紧跑到酱园店来找我，问清事情原委。当时酱园店有个叫叶宝珊的职员，也是一名共产党员，他知道这件事情后，提醒我在当时的环境中，要更加谨慎小心。我这才知道原来我身边就有共产党员，这更加坚定了我入党的决心。

1944 年我秘密向党组织递交了入党申请书，当时地下党是单线联系，入党前我按照约定，在外滩儿童公园与联系人见面。我预先得到通知，需要依靠暗语"团圆节好"（一般都说中秋节好）来找到对方。顺利接头后我得知对方叫蒋春泽，是一名银行职员。之后我们便在儿童公园靠西面的苏州河岸边坐下，他给我一个香烟盒子，底板上写着宣誓词，我跟着默念。就这样我加入了中国共产党，那时是中秋节后。

我认为入党是一件神圣的事，入党后就和原来不一样了，不再是一般老百姓。我就问蒋春泽："我该做什么？"他的回答让我有点意外:"你已经在做党员的工作了。"他说:"叶宝珊是中高级职员,在石米运动中起了很大作用,也在行业中有足够的影响力,但是除了中高级工作,更重要的是中下层的群众工作。你应该继续做学徒青年的工作,有分工和合作,听从党的指挥。"

参加宣传工作,谱写文艺华章

大约从1958年始,我担任上海市黄浦区委宣传部部长,主要负责三项任务:第一,收集和研究人民群众的思想动态。这是根本任务,要密切关注新时势下群众百姓的所思所想。第二,组织干部、学生、职工学习政治理论。当时重点学习的是《毛泽东选集》第一卷,里面的重点文章是《实践论》和《矛盾论》。《矛盾论》是一篇理论性非常强的文章,当时因为大家普遍理论水平较低,讲解起来比较复杂。那时我接到的任务是辅导黄浦区的机关干部,包括公安、商业机构的工作人员等。为了提高自身的理论水平,我开始刻苦努力地自学,然后再为他人讲解辅导。第三,负责文艺工作。文艺涵盖的范围很广,可以说涉及人民精神文化生活的各个方面都可以算是文艺工作。文艺工作涉及演出、电影和剧团三个方面。我需要检查这些演出作品是不是符合党的文艺方针,是不是健康向上,同时鼓励好的节目出现。当时上海戏院的座位40%以上都在黄浦区,其中以"四大游乐场"最为出名。在电影院方面,黄浦区的大光明电影院有2 000个座位,是当时上海最大的电影院。在剧团方面,有8个剧团归我们领导,如芳华越剧团、艺华沪剧团等。芳

1962 年王乾德在参加基层文
艺活动时上台发言

华越剧团和艺华沪剧团在当时并称为"两华"，十分有影响力。被
称为"越剧皇帝"的芳华越剧团团长尹桂芳可谓家喻户晓，她于
1958 年被中央调至福建省福州市，目的是让她把越剧推广至全国。
在推广过程中，由于方言问题，越剧团的工作遇到了重重困难，但
即使如此他们仍然克服困难，在福州成立了福州芳华越剧团，且延
续至今。

　　海派文化中十分重要的一个构成是群众文艺，这也是我当时的
重要工作。在 1959 年中华人民共和国成立 10 周年之际，市委领导指
示，要发动群众搞好文艺工作，号召"歌颂新社会，控诉旧社会"。

发动群众有两个重点，一个是要做好组织、发动工作，另一个是要抓典型、抓重点，我当时就注重挖掘有写作能力的人。为此我还带头动手搞创作，干劲十足地写起剧本来。我大概写过 10 个剧本，很幸运的是每个剧本都被演出了，想想也是很欣慰。

我写的第一个剧本是《养猪姑娘》，于 1959 年演出，这个故事是有真实依据的。毕业于市六女中的小姑娘卜文英，因为没有找到工作，所以不得不到浦东乡下养猪谋生。养猪工作很辛苦，后来她在一次意外事故中去世。我因为小学没有毕业，文化程度很低，就和组织部里的几个人一起完成这个剧本。当时是"一拍脑袋"，一个通宵就大致把剧本写出来了。这部剧后来由艺华沪剧团排练演出，被视为控诉旧社会的代表作。

《韶光新歌》是我后来写的一部剧，也是真人真事给我的灵感。这部作品讲述的是上海钟表店著名修表师傅钟根尧的事迹。钟根尧是钟表研究专家，他以自己的勤奋努力和聪明才智，用现代技术来改变传统修表方式，后被评为全国劳动模范。在 20 世纪 50—60 年代，人们使用的机械表会因长时间使用而产生机油，需要"洗表"，把油洗干净。这是个非常细致的活，需要将零件一一拆下、浸泡、擦干，再进行重新组装，修表的时候需要用放大镜，非常伤眼睛。钟根尧师傅觉得这个工作奥秘很多，很是有趣，自己琢磨研究出了超声波洗表技术与音节记录仪，使得原本需要耗时两天两夜的矫正工作在 15 分钟内便可以完成，钟师傅因此在业界美名远扬，当时足球比赛用的时钟都是经由钟师傅修理的。

1959 年我被调至上海市卢湾区财贸部担任部长，但业余时间还是会参与一些文艺工作，所以后来成了黄浦区的名誉宣传部长。我改编的故事《韶光新歌》由沪剧大师王盘声主演，编剧一栏写上了我的名字，也算是得了个"名誉"。王盘声曾经跟我说过他自己的表演感悟："无论是喜剧，还是悲剧，好的剧本都要令人'眼泪水嗒嗒滴'，这才能抓住观众的心。"我也非常同意他的说法。

与立信、上大结缘

除了文艺工作外，我还在机缘巧合之下进入了上海高校系统。1963 年，我调到市委财贸部做了宣传教育处处长。

1977 年国家决定重开高校，我被调入卢湾区教育局并担任局长。进入高校系统工作对我来说是不可思议的，仅有小学文化程度的自己竟然要到高校去做大学生工作了！

1977 年中央决定恢复高考制度。我当时负责卢湾区的高考招生，要在 24 个学生中录取 1 个大学生，剩下的 23 个人只能等到下一次再考。

24∶1 的录取率是一个大问题，录取的人太少了。为解决这个问题，上海采取了三个措施：一是恢复现有高校教师的积极性；二是"三结合"办校，想办法办出新校；三是鼓励机构自己办校，号召社会力量来复校。当时由于场地极其有限，所以高校学生都是走读，只能白天在教室上课。

后来由潘序伦先生复办的立信会计专科学校就是复校队伍中的佼佼者。上海立信会计专科学校最初成立于 1927 年，由潘序伦先生私人创办的。1951 年，适逢学校系统改造调整，立信会计学校就被并入上海财政经济学院（现上海财经大学）。虽然立信学校没有了，但是立信的创办人潘序伦还在。到 1980 年的时候他老人家已年近 90。恢复一个学校在当时需要 8 万元左右，8 万元现在看来并不多，但在那时却是一笔不小的数目。当时潘序伦先生表示自己愿意拿出 4 万元，但是 4 万元恢复重办一所高校是远远不够的，而政府又没有钱。最后只能号召社会力量协助办校，并保证学生毕业后直接就业，用这样的方式来增强办学力量。

那时在上海提出复校的有二三十所高校，这些高校中有三种情况：中国人办的私立学校，如立信会计学校；外国人办的私立教会学校；还有一些外国学校在中国设立的分校。而市里唯一同意复办的只有潘序伦的立信会计专科学校。

这是综合多方因素考虑的结果。潘序伦先生表示："我已经 90 岁了，没有孩子。唯一有的就是立信会计学校这个'儿子'，死了之后就交给国家。"立信能够顺利复校，其实与立信自身的三大优势息息相关。第一，立信以前有近 10 万的毕业生，他们在各个机构的会计岗位上工作，一些老校友得知立信复校的消息，都纷纷前来帮助上课，这就解决了教师队伍问题；第二，这些校友中有经济能力的人拿出钱来资助学校办学，这解决了资金问题；第三，可以请来一批帮助操办复学事务的骨干人员。虽然当时条件比较艰苦，但是通过这些办法都解决了问题：师资力量靠校友解决；生源从落榜名校的学生中挑选，但不包分配；没有校舍就借用育才中学学生放学后的校舍来给大学生上课；没有宿舍就让学生走读；经费不足则通过征收学费取代免费教育。

1980 年立信会计专科学校开课，3 个月内学校各项事务都在有序进行中，但校舍问题一直没能解决。学校总务处负责人因此写了一张"人微言轻，呼吁无门"的条子来诉说苦衷，并且因此跳楼自尽。这一事件使得立信 240 名学生向政府请愿解决校舍的问题。为了解决这个问题，上海市副市长找我谈话，让我暂时先去立信"救火"。实际上当时组织部门已明确与我谈过话，让我去市工商管理局担任副局长之职，但当务之急是服从组织的最新安排，于是我去了立信。

那一年我已经 53 岁，到立信会计专科学校后就担任学校的书记，潘序伦先生任常务副校长。我在立信学校主要做了几项工作：争取了土地；向中央财政部寻求拨款，而且立信大厦的图纸已经设计完成，当时这幢楼被称为"高校第一高楼"。但最后辛苦建成的房子还没来得及住，我就又被调走了。由于我一直从事财贸工作，也具有一定的教育经验，于是就被调至新成立的上海大学工商管理学院（以上海机械学院轻工分院为基础建立的）。轻工分院转变为工商管理学院并不容易，学生们不适应商业教育的内容，所以我到任后面临的一大问题就是如何转型，如何稳定学生的情绪。

上海大学新闸路教育园区是我主持建设的，即成人教育学院（现已更名为继续教育学院）。这个地方原本是美国兵营平房，环境不太适合搞教育。为了改善这种环境，政府拨了一笔 400 万元的资金，由

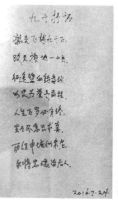

1986 年王乾德任上海大学商学院院长

王乾德先生九十大寿诗作
《回看一生》

我负责建造上海大学教育楼，这幢楼至今还在。我曾担任上海大学工商管理学院的代理院长，1986 年工商管理学院改为上海大学商学院，我成为院长。

此后我一直待在教育系统，1988 年正式退休。除了两次大病外，在工作中我一刻都没有停歇。尽管我只是党的一员小兵，但始终在尽力地为党工作。

我的一生与海派文化渊源颇深。2010 年上海举办世博会时，我研究过上海的石库门文化，那算是海派文化的一部分。比如位于原卢湾区淡水路的路口的尚严坊，这个地方是石库门里弄最早的发源地之一，是典型的石库门文化聚集地。其实石库门房子有人住就有生活，有生活就会产生文化，上海不只是由本地人组成，还有来自四面八方的人，他们共同塑造了"海纳百川"的海派文化。

上海的历史特点很鲜明，海派文化包容多元，兼收并蓄，在一个大熔炉里产生化合反应，大放异彩。海派文化的内涵也随着时代的发展在不断发生变化，其间有新的内容产生，也有旧的内容消亡。与时俱进、开拓创新是每种文化生生不息的应有之义。在我看来，"内容为王"是一种文化的取胜之道，只有丰满的内容才能够撑起一种文化的灵魂。

（采访及整理：凌屹帆、钮晨迪）

赤胆忠心报国家　盛世安恒守本心

讲述人：张格海
时间：2018 年 1 月 28 日、4 月 8 日
地点：上海市南昌路张格海家中

张格海，1927 年出生于江苏徐州，1943 年在卫生学校培训后加入
新四军第四师二十九旅，成为连部的卫生员。1945 年加入中国共
产党。新中国成立后曾任上海市吴淞医院院长、上海市红十字会常
务理事兼秘书长等职。

小兵喇子参军记

1927 年 2 月 19 日，我出生在江苏徐州的一个农村家庭。10 岁之前并没有受过很好的教育，1937 年抗日战争全面爆发时，我才上小学二年级。那时候战火已经蔓延到徐州，我的学业也因为战争而不得不中止。

1937 年我大哥在连云港的淮北盐场工作，淮北盐场靠近盐城，是由国家经营的。盐场的盐矿、盐井都是露天开采，所以经常会有私盐贩子去偷盐，为此盐场设置了看守的警察防范盐贩子偷盐。我大哥当时就在淮北盐场当警察，靠着他这个工作支撑一家人的生活。

抗日战争全面爆发后，日军很快进入连云港并随即占领了淮北盐场。占领盐场后日军大开杀戒，几乎把盐场的工人们杀光了！我大哥也没能幸免，被日军杀害之后连尸体都无处可寻。后来我推测他可能是被日军当场用枪打死，死后尸体被丢进万人坑，和其他工人的尸骨混在一起，所以找不到；另一种可能是日军占领盐场后，把部分工人抓到日本国内去当劳工，这些劳工在日本服劳役大多也被折磨至死，如果是这种可能，那么大哥的尸体更别想找到。大哥被杀这件事对我父母的打击很大，对家里的影响也很大，因为大哥是长子，是家里的顶梁柱。那时候一家老小全靠他赚钱养家，好不容易找到一份工作却不曾想被日军杀害了，我们一家突然间就失去了支柱！

大哥走了以后，我二哥也被汪伪军抓壮丁抓走了。二哥不愿意待在伪军这个汉奸队伍里为日军做事，一方面他对家里放心不下——大哥死后家里全靠二哥支撑；另一方面日军杀害了大哥，所以我二哥就想逃跑。但是伪军严惩逃兵，一旦发现有逃兵，追回来之后就要毒打。二哥那时候铁了心地要逃，并没有想后果。某一天他就开始实施逃跑计划，很不幸最后还是被抓回去了，没过多久就被伪军折磨致死。

因为大哥、二哥的事情，家里十分痛恨日本鬼子，所以我三哥就主动参加八路军去打鬼子。三哥参军对我影响很大，八路军到达徐州以后，当地老百姓很快就了解到这是支抗日的队伍、为人民着想的队伍，大家都踊跃参军。三哥参加八路军后也使我下定决心要参军，加入抗日的军队。

1940 年我第一次报名参军。记得刚到八路军的招兵处，一名负责人看见我就说："我们军队又不是托儿所，你一个小娃娃来干啥呢？我们不要你。"当时我才 13 岁，确实太小。结果就是我被告知年龄不够，不符合参军要求，让我回去。但是在我走之前招兵处的工作人员告诉我："你还在长身体，等你长大了，我们就要你。"

第二年我又去报名，没想到他们还是说我太小了，达不到报名要求。但我没有放弃，第三年又去了，他们还是因为我年纪小不同意接收我。多次被拒之后我很失落，就对他们说："你们这么不讲道理吗？我就不能当兵吗？我有当兵的决心，一定会是个好兵。"但不管我说什么，部队还是以年龄过小而拒绝了我。尽管如此我还是下定了决心要参军，这条路走不通就想通过其他方法。

后来我想起本家的一位叔叔是老共产党员，在徐州某地当区长，同时兼任区委书记，于是就去投靠这个叔叔，对他说："这次不回去了，怎么说也不回家了，就待在你这里。打仗、上前线我不能去，帮你送个信跑个腿总可以吧！"

那时候共产党的区长、书记都是半地下的，身份不能公开，在这种情况下他们出门不能带勤务兵，什么都是亲力亲为，所以每天很忙碌。我看叔叔很忙就对他软磨硬泡："你这么日日夜夜地忙，那我代你送个信不是蛮好？徐州这个地方我很熟悉。"

叔叔被我磨得焦头烂额，于是对我说："你留下来的话，军队里又没有你的编制，没有编制那你算什么呢？我们吃饭也没有你的份。"那时粮食比较紧缺，军队里的伙食基本上都靠收集老百姓家里的余粮维持。正规的士兵有编制才能吃上部队的粮食，没有编制就意味着没有饭吃。

但即使如此我还是很坚持，甚至还有点撒泼耍赖："多我一个人就不行了吗？多一份伙食就不行吗？我就不回去，就在你这里了。"叔叔很无奈地说："没有这个制度，我怎么留你呢？"但他最后还是没能架住我的"攻势"。"那你就暂时在我这里，送送信、跑跑腿，等以后有机会，我再想办法送你去参军。"叔叔这话使我开心得要哭出来了！我终于如愿留了下来。

我在叔叔那待了半年多，正好赶上部队办卫生学校，面向士兵进行招生。叔叔就推荐我到卫生学校去读书，我听从叔叔的建议去卫生学校报名，成功被录取。之后经过一段时间的培训我成了部队里的一名卫生员，走上了学医的道路。

军医的成长经历

当时卫生学校直接办在医院里，学员们一面学习、一面实习。我们在卫生学校集中学习了三四个月，内容包括内科、外科各方面的知识。后来前线战况紧急，我们就被派到前线参加救援行动，在战场上我们和老师一起冒着危险救助战士。虽然我们只能做一些包扎伤口、转运伤员等比较简单的事，大型的手术我们还不能做，但老师给受伤战士做手术时可以在一旁观摩学习。

等到战事稍微缓和一点，学校又进行了轮训，我在卫生学校又学习了三四个月，毕业之后被分到新四军第四师二十九旅当卫生员。

当时部队卫生员很紧缺，一般一个连队只有一个卫生员，这一个人就要负责整个连队的卫生医疗工作。在没有战事的修整期，还要负责连队里一百多人的生活卫生（环境卫生、宿舍卫生等）、伤病的治疗等。平时宿舍是需要打扫的，对士兵也有个人卫生方面的要求，如不能随地吐痰、不能随意破坏环境卫生等。具体来说，卫生员要带领连队战士们一起打扫卫生、清洁环境。当时没有痰盂，卫生员就让大家挖一个坑，吐痰的时候自觉吐到那个坑里，走之前还要把坑掩埋，以免细菌滋生从而引发传染病。

当时战事很紧急，人员伤亡很大，这种情况下更需要在休整时期注意连队的环境卫生。只有环境整洁才能减少传染病的滋生，避免带来更多的伤亡。连队里有战士生病或受伤都是由卫生员来诊治。如果有人得了传染病，为了防止其他战士被传染，就会把他送到就近的老百姓家中隔离起来，然后由卫生员负责照顾，直到痊愈了才能让他重新回连队。

除了平时负责各种卫生和治疗，战时卫生员就要到战场上去救治伤员。哪一片战场上有受伤或牺牲的士兵，卫生员就要到哪里去。受伤不严重的士兵，帮其包扎好之后，等伤口不出血他就继续投入战斗；如果伤情特别严重，危及生命，卫生员就必须背着他转到后方去治疗。

在战场上卫生员要经历许多危险，在实际的战斗中每个战士都有一个坑道进行隐蔽，卫生员就在坑道里面抢救伤员。但是如果遇到坑道不连贯或者战情紧急的时候，卫生员需要走出坑道救治伤员，这会完全暴露在敌人的视野范围内，很容易被炮弹击中。战事激烈的时候卫生员的牺牲往往会很大。

理论上讲医护人员是中立人员，在战场上出于人道主义精神是不能攻击对方的医护人员。但是日本发动侵华战争本身就是罔顾国际规则，更不会讲人道主义，他们会攻击我们的医护人员，并且到了战争后期日本军队对医护人员的攻击更加猛烈。因为我方医护人员伤亡重大的话，我们整个队伍的战斗力就会被削弱。

除了卫生员，司号员的伤亡比例也比较大。司号员的任务是发号施令、鼓舞士气，需要到高处去吹号角，从而指挥整个军队的行动。但是往往等他将号角声吹起来，敌人就可以凭借声音迅速将他定位，朝他射击或者打炮弹。这样一来队伍中司号员往往是最早暴露的，也是最先被敌人攻击的目标。此外由于司号员要向士兵们传达指挥部进攻的命令，所以他离指挥部很近，敌人凭借这一点会集中火力朝这个方向进攻，试图消灭我方指挥部，从而更容易攻破阵地。

此外通讯员的伤亡同样很大。通讯员主要的职责是传递消息，他需要在战道里到处奔走，向士兵传达命令。通讯员一跑动就容易暴露目标，敌人发现之后就会朝他射击。

以上这三大类人员最危险、牺牲最多，需要经常进行补充。在这样的情况下，军队就需要办学校培养学员，及时补给人员，否则卫生员牺牲了没人补充，伤员就得不到救治；司号员牺牲了没人接替，就没人吹号角指挥战斗；通讯员牺牲了没人补充，指挥部的消息就不能顺利传达，整个部队也就不能继续战斗了。

1945年三四月份，日本军队已成强弩之末，新四军开进到安徽宿县。当时共产党和国民党之间正在进行根据地的抢夺，双方处于拉锯状态。新四军在和国民党军争夺某个据点时，我不幸负伤。当时我正在炮火交织的前线救助伤员，没想到一颗炮弹落在我面前，一下子没反应过来，炮弹爆炸的冲击波把我震飞，掉下来之后腿就摔断了。

战时医护人员非常紧缺，但领导对我特别重视、特别关心。没过多久上级专门派人把我从安徽转移到后方医院去接受治疗。转移过程中也充满危险，那时不仅有国民党封锁，还有日军封锁，到处都是敌人的据点。我们先是从津浦铁路那一带转移到河南，到了河南后又通过地下党同志的帮助，一站一站地转到位于苏北的后方医院。到达后方医院后，医生仔细查看了我的腿，发现伤情很严重，要把腿截掉！

我内心猛地一惊，斩钉截铁地说："不能锯，锯了腿我还有什么用？我坚决不锯！"我坚持不同意锯腿，最后医院没有办法就去请示领导，让领导来决定。领导知道后还特地到医院看我，做思想工作，要我接受医生的建议。但我无论如何接受不了要锯腿的现实，就是不同意。医院又找来我的家属，让家人劝我："锯掉腿可以保全性命。"但我还是不接受，对他们说："锯掉腿，那我还有什么价值呢？我牺牲了，还能是个烈士，瘸了腿，就成了残疾人，将来对家庭、对国家来说都是一个负担，谁来养我呢？"

在我的坚持之下最终没有锯腿，很幸运的是我也没有因此死掉，甚至通过一系列康复治疗我还丢掉了拐杖，重新站了起来！新中国成立以后我在卫生局工作，当医院的军代表、院长，一直在发挥自己的作用，不仅没有给国家增添负担，反而还为国家做出了一点贡献。

亲历解放上海

1945 年 8 月 15 日，日本无条件投降。日军撤出中国之后，共产党面临着与国民党的较量，不久内战就爆发了。当时我还在新四军第四师里做卫生员，后来新四军第二师、第四师各一部组建了华中野战军第九纵队，随即参加了解放战争。

1949 年我参与了解放上海的战役。当时部队采取的策略是：先从上海市区外边向内包围，再逐渐向市区挺进。军队的主力包围住上海，然后由上海市的中共地下党收集城防信息，通过联络潜伏在国民党高层军官中的地下党同志，将消息传递到城外的解放军指挥员手上。由于城内城外相互配合，共同击破了敌人的防御，人民解放军较顺利地解放了上海。

随着上海的解放，我还做过共产国际的联络人。解放前在南昌路224弄有个叫张锡旗的人，他是从日本留学回来的留学生，后来成为中共地下党员。那时为了掩护身份，他在南昌路光华眼科医院工作，平时以医生的身份示人。这个医院实际上是远东地区共产党的一个联络点，通过这个联络点中国共产党得以和日本以及东南亚一些国家的共产国际组织进行联络。

上海解放后张锡旗被调往安徽省卫生厅做厅长，光华眼科医院也被归到上海市卫生局的管理之下。但是卫生局对他的工作并不熟悉，也找不到接替他的人，张锡旗和其他国家共产国际组织的人是单线联系的。在此情形下需要有部门来接管这个工作，后来华东局接管医院后指定我接任张锡旗，继续执行这个任务。如果有国外共产国际组织的人来联系，我都要好好接待。上任前华东局的领导对我说："这件事情不能跟任何人讲，对上海市委也不能讲。"因为之前是单线联系，我接替这份工作后接待了共产国际的人，并且将上海已经解放、张锡旗已经调任的消息告诉了他们。

接管上海医疗系统

上海解放后陈毅任上海市市长。当时是按军队部门进行工作分配接管整个上海，比如卫生部门就接管上海市的卫生系统，按层次从军卫生部、师卫生部、旅卫生部、团卫生队里抽调出一些人来接管国民党的医疗卫生机构。我当时有双重身份，一是部队里的卫生员，二是军事管制委员会的成员。军管会是管理地方人员分配的一个部门，负责将部队里的干部、战士们按部门进行对口分配。

军队卫生部门的人员去到上海市卫生局，第一件事就是把上海市卫生系统的组织状况熟悉一遍，熟悉之后军管会把人员分配到不同的单位。这些人还需要向单位里的军事代表汇报单位的情况，这样做主要是为了更好地排除敌人的残余势力，同时能够完全了解和接管上海市的卫生系统。

区县的卫生局是当时首要被接管的部门，从区县的卫生系统到一些大医院，按轻重缓急逐步接管，比如说可管可不管的外国医院就放在后面。我当时负责接管上海第二劳工医院、第二人民医院以及新成立的临时传染病医院。由于当时我军刚进入到上海，没有能专门接收解放军伤员的医院。于是部队就自己成立了临时传染病医院，由部队统一收容、管理伤员，而地方政府则为该医院提供经济上的支持。

第二劳工医院是国民党迫害工人运动时设置的。当时国民党为了阻止工人罢工、起义，就建了这个劳工医院，里面专门设置了特务组织监视工人。我接管这个医院时职务是军事代表，负责听取医院各部门负责人的汇报，再向上级报告。部队还往医院派了军事联络员，在各个部门工作，主要职责是了解医院里每一个人的政治、生活、思想状况，最后汇总起来报告给军事代表。如果调查出来一个特务，晚上我化好装就会和公安部门一起去抓特务。这是因为抓特务的工作不能公开，只能暗地里去抓，化装是为了保密，确保不被特务认出来。那时我有手枪自卫，再加上又是军事代表，和公安部门的同志一起去抓特务也是职责所在。军事代表要实事求是，当机立断，对人要有辨别力，明确哪些人是可以争取为我方所用，哪些人是特务、敌人，要清除。作为军事代表，时不时有人向我汇报工作，这不仅需要对每个人都有细致的观察，而且自己还要有思考和判断能力，对各种消息不能全信，要加以甄别。这才是对组织忠诚、负责的行为。通过汇报调查和抓特务这类行动，整个医院的反动力量就基本上被消灭了。

第一钢铁厂的整改

上海第一钢铁厂建在上海市郊区的农田上，面积大约有 9 个人民广场大。说是厂地但其实就是一块空地，没有工厂，没有道路，没有厕所，没有食堂。但厂子就这样建起来了，建好后号召无职无业的劳动力到里面去参加炼钢，当时去了有 3 万多人。这些人每天都去上班，厂里没食堂，吃饭是由市委派人把食物送过去；专门的厕所也没有，大家上厕所一般是就地解决。一段时间后那个地方便臭气熏天、煤烟弥漫，环境变得一塌糊涂，不少人因此生了病，厂里也没有专门的医生，最后市委就让卫生局来管理钢铁厂的环境卫生。

卫生局派了一个干部过去，让他管理钢铁厂的卫生系统。这位干部到任以后看到实际情况，认为环境太恶劣了，实在是无从下手没办法解决，最后便不告而别。他走了之后，卫生局又派了一个防疫站的专门管食品卫生的站长去了，没想到那个站长看了之后也逃跑了，因为他同样不知道怎么处理这种情况。后来市委书记去检查工作，了解情况后严肃批评了卫生局的党委书记、局长，让他们做检讨。但是工人生病的问题还是没有解决，局里考虑到我是炼钢出名的积极分子，最后把我派了过去。

　　刚到钢铁厂我就对党委负责人说："我过来了，你要给我分配任务，当前的任务是什么？"那时大家都不懂炼钢，工厂的负责人也不知道大规模炼钢需要做些什么，所以他也不知道到底可以给我分配什么任务。在这种情况下我向他们提出自己的想法："首先要解决这3万多人的生活卫生问题，一些目前暂时没有工作的人就先让他们回家，之后什么时候需要他们了再把他们叫回来。"负责人采纳了，遣散了不少人。接着我给他们提出具体方案：留下来的人要执行的首要任务是建厕所，杜绝随地大小便的现象，改善生活环境；第二个任务是建食堂，食堂建好后再让被遣散的工人回来上班；第三个任务则是把路修起来。前三个完成之后再建一个职工医院，职工医院需要分阶段建，最紧急的门诊要先开出来，病房可以放到最后。我把草图设计好，再找专门的工程师绘制出来，之后就按照步骤施工。

　　我的建议被采纳之后，厂里负责人马上成立了两个基建民兵团，负责施工，建厕所、食堂、道路以及职工医院。这些设施都建立起来，钢铁厂粗具规模，直到此时上海第一钢铁厂才算是正式建厂。

　　后来上海第一钢铁厂还被评为上海市卫生局的卫生标兵、卫生单位。通过这个事情领导发现了我的能力，派我去管理上海10个钢铁厂的卫生系统。但是我认为自己没有十足的能力和经验去管理10个完全陌生的钢铁厂，最后拒绝了。后来上海市为了建设钢铁工业基地的需要，取消了原来的钢铁单位，把所有钢铁单位集中起来，重新设立以钢铁工业为主的吴淞区，由市政府统管炼钢。区里委任我去当吴淞区的卫生局局长，管理整个区的卫生系统，其实也就相当于之前让我管理十个钢铁厂卫生系统的任务。但不同的是卫生局是系统性的，管理起来比较方便，这次我同意了。后来我还曾担任吴淞医院的院长。此后我便一直在上海市的卫生系统工作。

我们老一辈革命者真真正正地践行着共产党人永不言弃的精神，只图奉献不讲回报，对于实现伟大复兴中国梦的责任，未来在年轻一代的身上！

（采访及整理：王洁）

战争是为了守护

讲述人：刁奎
时间：2018 年 1 月 16 日
地点：上海市南昌路刁奎家中

刁奎，1929 年 12 月出生，江苏淮安人。1943 年 2 月参加革命，初为司令部收发室战士，后成为警卫排战士。解放战争时期，历任华东野战军第十二纵队十八团警卫排长，中国人民解放军第三十军军医。1958 年转业到上海缝纫机一厂，任医务室负责人、后勤科副科长。1985 年 8 月离休。

秧歌里有大梦想　守护国家勇参军

1929 年 12 月，我出生在江苏淮安徐杨乡大王村的刁庄。村庄普普通通，村民大多都是贫下中农，生活比较艰苦，日常的必需品都得自己生产。我奶奶和母亲给全家做衣服和鞋子，一日三餐吃的大米和蔬菜都是自己家种的，吃不完就留着，也不会拿出去卖掉。

我六七岁的时候，家里送我去读书，也叫开蒙。那时没有幼儿园和小学，私塾是我们学习的场所，私塾的先生还是我的姑父。因为大家都是一个村子的，所以读私塾不用交学费，每个学生只要轮流负责先生的每日伙食即可。平时家里也没有什么东西可以送给先生和同学，只是在每年端午节时，家里就会包很多粽子，一部分送给先生，另一部分送给比我读书早的同学。刚入私塾，我从《三字经》《百家姓》《千家诗》《千字文》开始学起，到了七八岁开始学习《论语》《大学》《中庸》和《孟子》。

除了在私塾读书之外，我还在课余时间帮着家里做家务和农活。我是小孩子，做的农活比较轻，比如施施肥、除除草，谷子成熟帮着收谷。村里平时也没有什么娱乐活动，我们一群小孩子常凑在一起用小鞭子打溜溜球玩。春节的时候就热闹了，大家组织表演耍狮子、舞龙灯、踩高跷、玩龙船和扭秧歌，小孩子们都兴冲冲地围观。

1939 年初，日本军队已经侵占淮安，但他们主要驻扎在淮安城里，一般不会来农村。如果要来的话，那就是粮食收获的时候，日军下乡来抢粮。我记得村子里有一排房子，这一排房子是由五间屋子组成。日军一到村子，就把第二间房子的屋顶给拆了，在上面铺上门板，做成一个简易岗哨，日本鬼子就站在门板上站岗放哨。

当时日军执行的是"三光"政策：烧光、杀光、抢光。他们无恶不作，不仅要抢走我们收的谷子，还要抢走养的牲畜。见到牛，当场用刀从牛的大腿上砍一块肉，皮一拉用火烤着吃。除了抢粮食之外，他们见到百姓就要打，看到好看的妇女先奸后杀，村里的女孩子就有被刺刀刺死的。

有一次，日军把村里的水缸架起来，倒进水，光着身子在里面洗澡。我们小孩子调皮，偷偷地把蛤蟆丢进去，把日本鬼子吓一跳。他们洗完澡之后，就把水缸给砸掉。小孩子因为调皮，会偷看日本人一两眼，而大人们一看到他们就吓得发抖，头都不敢抬。

在1939年，淮安建立起共产党的政权，各种组织和部门也相继成立。儿童团、妇女救济会、民兵等组织都建立起来，并且还有区长、乡长、村长、指导员。指导员是共产党员，每一个村都有。私塾是共产党的宣传阵地，指导员和私塾先生联系，给先生讲革命道理，先生也就加入了共产党。

不仅如此，村子里还组织成年人成立用来自卫的民兵队伍，而我们这些小孩子不管男女，都加入儿童团。身为儿童团的一员，我的任务就是站岗放哨，宣传党的政策。那时解放区里人人都在唱革命歌曲，互相学习，宣传共产党的主张、政策和爱国思想。大家一起唱革命歌曲，其中我印象最深刻的歌就是《三大纪律八项注意》。扭秧歌也是鼓舞士气的一项活动，不管是老太太还是小孩子，每个人都扭秧歌，扭起来雄赳赳、气昂昂的。小孩子都有一个梦想：要把秧歌扭到大上海去！那时，上海还没有解放，有外国人的租界。村里有人去上海打工，寄回家大把的钞票，让没有到过上海的我羡慕不已。在我们眼里，上海是繁华的大都市，到处都是富丽堂皇，充满机遇。没想到几年之后我真的去了上海。

在这样的氛围下，农村老百姓的觉悟都逐渐提高。新四军为抵御日军就住在我们村附近，有了他们的保护，日军就不敢轻易过来，新四军也和村里人慢慢地熟络起来。那时我们喊的口号是："吃菜要吃包菜心，当兵要做新四军。"不只是我一个人进步，大家都在进步。对于我们来说，参加新四军是一件非常光荣的事情，大家纷纷向指导员提出想要参加新四军的愿望。指导员说："行啊！欢迎你们！"我参军，他参军，相互影响，促使更多人参了军。就这样，1943年2月，村里20多个年轻小伙子一起参加了革命。那天中午我们在家吃完饭，整个村子敲锣打鼓地来送参军的青年。我们戴着大红花，骑着马，非常光荣地成为一名新四军战士。因为部队驻扎在离村子很近的地方，当天晚上我们就在部队吃上了饭。

那个时候部队正需要年轻人，我们也充满革命理想，踊跃参军。抗日战争时期，大家最渴望的就是打败日本鬼子。我参军并不是为了以后可以当大官，光宗耀祖，只是为了把日本侵略者赶出中国，等到中国太平之后，我就解甲归田。成为新四军战士的我，穿着新四军的衣服，戴着新四军的帽子，走在街上觉得特别光荣，一路上都能感受到大家敬佩的目光。

小小抗日战士　送信紧张连连

　　1943年2月，我加入了新四军第三师。那年我才14岁，部队里要保存青年力量，又因为我读了几年书认识几个字，于是被分配到司令部收发室工作。初来乍到，我什么都不懂，收发室的老同志就带着我熟悉军队里的环境。军队里大部分士兵都是当地人，我就称呼这些老同志为老大哥，比我大的喊叔叔，平辈的话就叫哥哥。在新四军部队里官兵平等，没有谁是特殊的，也没有谁高人一等。在这样的氛围下，大家干劲十足，都想为部队出力。上级交代任务下来，每个人都抢着做。渐渐地，我在老同志的带领下，逐渐适应了军队的生活，记住每位同志的长相和姓名，也学会了如何处理收发室的事务。如果有任务分配给我，我会立刻打起十二分精神去做。收发室的任务主要是递送信件、报纸和一些规章计划，听起来挺简单，但实际上也蛮危险的。

　　记得我第一次送文件的时候，惴惴不安。任务要求送一份文件到另一个团，那时没有网络，只能靠人工传递。在送文件之前，我和带我的老大哥双双把军装换成普通百姓的衣服。日军在中国的交通要道和城镇边都设有岗哨，岗哨外面还有封锁线，便于查探反抗他们的中国人。当地的农村人也不敢进城，害怕通过有日军岗哨的公路。送文件要通过层层封锁，我第一次经历这些，心里有些慌张。

　　我年龄小，走在前面，老大哥走在后面保护我，手里藏着短枪，随时准备战斗。我俩一前一后，装作正常老百姓的样子。站在岗哨上的日军时刻监视着，我们故作镇定地走过去。第一次任务在老大哥的带领下尽管很紧张但还是完成了，之后走得多了也就变得轻车熟路。

在收发室工作了一段时间，我从新兵成长为老兵，开始参加战斗。新四军大多采用游击战术，日军来了我们走，日军走了我们又回来，根据地就这样长期处于拉锯状态。逢年过节的时候，我们把分散的部队集中起来准备战斗，攻击位于重要交通要道上的敌人据点。这些据点大多是伪军防守，伪军是两面派，新四军强大的时候，他们就讨好我们，新四军弱小的时候，他们就和日军更亲近。对待两面派的伪军，新四军通常是智取。先是说服伪军的亲人加入我们，再通过亲人打入伪军的内部，来做伪军高级将领的工作，劝降他们。

记得在一个大年三十的晚上，我们趁敌人麻痹的时候把兵力集中起来，计划杀敌人一个措手不及。抗日战争后期，部队的伙食条件已经有改观。丰盛的年夜饭里不仅有大白菜，还有好吃的粉丝烧肉。这一顿不仅让我们的胃暖暖的，也让我们充满斗志。深夜一两点钟，部队开始攻打日军的碉堡。由于准备得当，攻其不备，战斗很快取得胜利，日军基本上都被我们俘虏。战斗结束后，为了防止日军反攻，部队迅速转移。

为了躲避白天日军的飞机，我们每天都要转移。今天住在这里，明天就换地方，白天住进去，晚上就离开。八路军、新四军打仗就是这样，打一枪换一个地方，让敌人摸不着头脑。

经过多年的浴血奋战，中国人民终于取得了抗日战争的伟大胜利。1945 年 8 月 15 日，日本裕仁天皇通过广播发表《终战诏书》，宣布无条件投降。9 月 2 日，中国的徐永昌将军作为接受投降的同盟国代表之一，正式在日本投降书上签字。因此，对我们来说，1945 年 9 月 3 日才是抗日战争真正结束的那天。

保卫盐城勇阻击　　顽强坚持受重伤

抗日战争结束之后，我所在的新四军第三师由中共中央重新战略部署。1945 年 9 月 23 日，师长兼政治委员黄克诚率领 4 个旅、3 个特务团共 15 个团 3.5 万人开赴东北。留在华中解放区的新四军于 11 月 10 日组成了华中野战军，而我成了警卫排的一名战士。

抗日战争刚胜利，共产党与国民党就接管日占区的问题起了冲突。加之 1945 年 10 月 10 日签署的《国民政府与中共代表会谈纪要》（即"双十协定"）公布不久即被蒋介石公开撕毁，新四军就在这段时间里不断发展壮大。新四军大都住在农村，国民党军队驻扎在城镇，城镇里的警察穿着黑色的制服，大家称他们为"黑狗队"。共产党的部队一天一天壮大，群众也被我们发动起来，"黑狗队"见到我们就害怕，躲在城市里不敢出城门，形成了"农村包围城市"的局面。

国民党的组织除了"黑狗队"，还有还乡团[①]。还乡团集中起来，其力量也不容小觑。地方上虽然有民兵组织，但是只能处于相持的状态，于是领导派我们警卫排驻扎在村里，帮助民兵清除还乡团。

1946 年，我成了警卫排的排长，负责保护淮海军分区副政委谢振华。在军队里，官兵生活在一起，大家都像亲人一样。有时候粮食紧缺，领导还会把吃的留给士兵。正是因为大家像亲人一样，所以我

———————————
① 还乡团是国共内战时期国民党政府支持的以地主豪绅为基础的反动武装组织，因共产党领导的人民武装力量号召打土豪、分田地，把许多土豪劣绅赶出家乡，所以当时这些地主土豪就依靠国民党的力量形成了反动武装。

工作很积极，任务完成得比较漂亮，慢慢变成军队里的骨干。上级开始考察我，推荐我入党，按现在的党章规定未满 18 岁是不能入党的，但在战争岁月里会有很多特殊情况。1946 年 6 月，在 17 岁的时候我正式成为一名中国共产党党员。

在我的参军生涯中，最惨烈的一仗是从 1946 年 11 月 27 日开始的盐城保卫战①。11 月 27 日，国民党的军队由东台、兴化、临泽等地分四路向北进攻盐城，我们华中野战军的第七纵队第十三旅沿途节节抗击。到了 12 月 2 日，国民党军已经攻至盐城以南伍佑地区，来势凶猛。国民党军队武器先进，已经部分实现机械化，天上的飞机四处巡视，到处扔炸弹；地上的大炮一直向我方这边开火。面对这样的战况，我军改变战术，让大部队往后撤，把小部分人留在伍佑北门进行阻击掩护，我所在的警卫排就是其中之一。上级给的命令是从下午 5 点钟开始阻击，坚持 12 个小时，守到第二天天亮。在伍佑北门有一条河，河特别长，我们就在这条河的河边做了防御工事，埋伏在里面。工事相当隐蔽，老百姓不知道，飞机也看不到。准备好了之后，大部队就从傍晚 6 点开始转移。

国民党军一直往北边推进，拉了很长的队伍，因为不知道我们这边有多少人阻击，不敢贸然前进。与此同时，我方的大部队已经转移了。晚上，天上的飞机狂轰滥炸，我们拼了命地阻击。我当警卫排

① 盐城保卫战，1946 年 11 月 27 日至 12 月 7 日，华中野战军第一师第七、第十纵队，第十三旅（即皮定均旅）对阵国民党参战部队为整编第二十五师、六十五师和八十三师共 5 个旅的兵力，此役华中野战军歼敌整编第六十五师、第八十三师、第二十五师各一部，共 0.6 万人，缴获各种炮 14 门，轻重机枪 90 余挺。

排长之前，学了半年的爆破技术，之后才被派到前方。在这一场战斗中，我的头部被炸伤，身上也都是伤，血浸透了整件衣服。当时又下着雪，血和雪结在一起，在寒冬里硬邦邦的。天色一亮，敌人发现了我们，枪林弹雨之下，死伤无数。警卫排原本有39个人，坚持到早上5点钟任务完成的时候，只剩下十几个人。后来我们把河边的桥梁破坏掉，迅速撤退，沿着预先商量好的路线追赶大部队。一直到晚上，我们才追上了大部队。我当时受伤十分严重，是战友一路用担架抬着，才保住了性命。后来我被送去后方治疗休养，那一身血衣由于物资紧缺一直穿着，直到来年的3月份才把它换下来。

我在野战医院休养到1947年5月份，伤就好得差不多了。在我休养的这段时间里，1947年2月根据中央军委命令，以山东野战军和华中野战军为基础建立了华东野战军，华中野战军第十纵队编为华东野战军第十二纵队。我回归部队后，成为华东野战军第十二纵十八团警卫通信排排长。到了7月份，部队要选拔一批人做军队里的医务人员，我被派去卫生学校学习。在卫生学校里，由于我是老党员，就担任学校的支部委员和组织委员，管理班上四五十个学生的入党事宜。我们毕业时喊着口号"我军必胜，蒋军必败"，随即赶赴战场。

军医后方忙抢救　见上海实现梦想

1948年7月，我又回到部队，在华东野战军第十二纵队卫生部一队做军医。1948年11月6日，淮海战役开始。我作为一名军医在后方不停地为负伤的战友取子弹、包扎，给受伤严重的人接骨。

淮海战役在 1949 年 1 月 10 日结束，华东野战军第十二纵队在 2 月份根据中央军委统一全军编制和部队番号的命令，改编为中国人民解放军第三十军，隶属于第三野战军第九兵团。

在渡江战役之前，第三野战军制订颁发了《入城三大公约十项守则》，要求军队"不入民房"。4 月 21 日，渡江战役开始，我作为卫生部的一员也跟着一起走，从安徽芜湖过江，一路经过宣城、宁国①、嘉兴。4 月 30 日左右，我们从金山、奉贤打到了川沙②。5 月，第 30 军协同兄弟部队攻克高桥，切断国民党军向东的逃路。在离战场 10 公里左右的江镇③，卫生部在一个尼姑庵搭建起行医帐篷，抢救在高桥负伤的战士。

5 月 27 日，上海解放，我们在晚上 11 点向市区开进，接收上海市的各个机关。适值雨季，连夜下雨，在雨水冲洗过的街旁路边，我们齐刷刷地躺在潮湿的水泥地上，有队形地横向侧卧。这种不扰民的行为，让老百姓都很感动，觉得解放军与国民党不一样，于是想把我们邀请到屋子里休息，但是我们要遵守纪律，就谢绝了他们的好意。部队不能打扰城市的秩序，不能住在城市里，等机关交接完毕后就驻扎在上海的郊区南汇④。

---

① 宁国，别称宁阳、宁城，宣城代管县级市，地处安徽省东南部。
② 川沙县，即今川沙新镇，位于上海市浦东新区东南。
③ 江镇，也称为机场镇，现在已经规划进川沙新镇。
④ 南汇区，上海市已撤销的市辖区，于 2009 年 8 月 9 日零时正式划归浦东新区。

1956 年 3 月 1 日，刁奎被授予独立自由奖章和解放奖章　刁奎戎装照

新中国成立后不久，我所在的第三野战军第九兵团三十军改编成了华东军区海军①的一部分。1955 年 9 月 23 日，中华人民共和国国防部发布命令，华东军区海军正式更名为"中国人民解放军海军东海舰队"。其间我参与了大大小小很多战役，比如解放一江山岛②，由于我是军医，没有再参与前方的战斗，都是在后方进行救护支持。

1958 年，由于我头部受的伤，我被定为二级残废，不能再留在部队，必须转业到地方。组织上就把我分配到上海的一家医院做副院长，但我有些不适应，于是在 1958 年 5 月又调到上海第一缝纫机厂，在医务室当负责人。

参军之前，我作为儿童团的一分子，梦想就是"把秧歌扭到上

① 华东军区海军是新中国第一支海军部队，是海军东海舰队的前身。
② 一江山岛位于浙江省东部沿海、浙江台州市椒江口台州湾之东南方，属东矶列岛。

·

海去"。没想到，在我 20 岁的时候竟然真的来到了上海，让秧歌里的梦想成了真！作为一名解放军军人，我遇见上海的时候，已经是和平年代。

农村人来到大城市，有很多感到稀奇的地方。身边有些年纪大的战友，还闹出很多笑话。比如他们觉得自来水特别稀奇，打开水龙头就可以放水，你不关掉它，它就一直放，好像放不完的样子，于是他们就放开肚子喝，喝到饱；晚上要点灯的时候，不知道电灯是用电的，用火柴去点电灯泡；从来没有见过抽水马桶，用起来很不习惯；等等。在上海，女性穿着很时髦，一些女性穿着旗袍和裙子，我们都不太好意思看。

但是上海的茶馆、酒楼、繁华商铺，却与我这个军人没有什么关系。虽然上海有许多大百货公司，比如南京路上的"四大公司"①，但是军人由于部队里的纪律是不可以进去的。平时就是在岗位上站岗放哨，守护上海是军人的职责。当时部队里是供给制，没有什么收入，一个月发一两元钱的津贴，一个碗、一块肥皂、几包牙粉。这点零用钱既上不起咖啡馆，也吃不起饭店，并且我们军人如果到外面吃吃喝喝，就是不守纪律，会被视为腐败。

刚到上海时，我发现在繁华都市背后，人们贫富不均，差别很大。富有的人占少数，他们喝咖啡，跳舞，看话剧，听音乐，穿的衣服光鲜亮丽，住在富丽堂皇的洋房里，非常体面。大多数是穷人，生

---

① 南京路上的四家百货公司——先施、永安、新新、大新，在当年被称为"中国四大百货公司"。

1965 年刁奎被评为上海第一缝
纫机厂的"五好职工"

活困难，吃的青菜豆腐大米饭，日子勉强过得去。街上踩三轮车的、拉黄包车的，在社会上低人一等，昼夜不停地拉车，生活得很辛苦。那些在工厂打工的工人，比他们生活得要好一点，每个月可以定期拿工资，但拿到的工资也很低。还有那些来上海"闯码头"的农民工，更是有上顿没下顿。

身正不怕影子斜　一生为人民服务

20 世纪 60 年代，我担任上海第一缝纫机厂后勤组副组长。当这个后勤组的副组长并不容易，因为整个厂具体的后勤事务都是副组长负责操办。医务室、六七个食堂、六七个浴室等等，加起来得有几千人要管理。厂里开会之前，我要组织人去搬凳子，等会开完了，我又要组织人去把这些凳子归还原处。不久，后勤组变成后勤科，我的头衔也变成后勤科副科长。从 1967 年开始，我就没有在家过过春节。

刁奎 1992 年被评为厂五好党员

因为有许多单身工人在厂里的宿舍过年，也得让他们感受到过年的温暖，吃上热气腾腾的年夜饭。因此，每一年我都要带领着所有的炊事员，开上几十桌给他们做年夜饭。除了年夜饭，医务室也得有人值守，如果厂里有人在春节期间生病，医务室不能没有人。所以春节那几天，我都在医务室值班。工作期间我获得的先进奖状累积起来都有一大摞。

到了 1985 年，我已经 55 周岁。由于我是残疾军人转业，领导照顾我，让我离休。然而后勤科科长这个职位不好做，我离休后，这块"烫手山芋"一直没有人接手，于是厂里又重新聘用我。这时 3 个缝纫机厂都合并到一厂，后勤科要管的事情也更多。尽管我想推辞，但领导还是执意要聘用我，于是我又在单位里工作了 10 年。

如今我已经是 89 岁的高龄，头部的伤其实一直在隐隐作痛，但我已经习惯了，对现在的生活没有太大影响。这些年来国家一直给我发补贴，1949 年到上海时，每月给我发 30 多元，到现在每个月给我发 3 105 元。民政局本来还要请人照顾我，但是我自己能自理，儿女照顾我就已经足够。

由于单位有许多离休干部，因此厂里决定让我做这些离休干部的支部书记。支部里一开始有 20 多个人，现在已经去世 10 多个人，还有 10 个人健在。每个月我们这 10 个人还会聚在一起开党会，学习与党有关的最新知识。这么多年，我一直紧跟党走，深刻感悟到没有共产党，就没有今天的幸福生活。

在上海已经住了 69 年，我亲眼见到上海这些年生活越来越方便，变得越来越好。在我心中，上海是全国那么多城市中最好的！

（采访及整理：汪卓）

用生命书写历史

讲述人：房崇喜
时间：2018 年 1 月 16 日
地点：上海市黄浦区瑞金二路街道房崇喜家中

房崇喜，1929 年生，籍贯山东省淄博市张店区福家镇房家庄，1946 年参军，曾在华东军区司令部情报处、上海警备区干部处等处任职，1983 年离休。

参 军 机 缘

1929 年 3 月 6 日我出生于山东淄博，父亲是村里的小学教员，母亲虽是家庭主妇，但对子女要求严格。哥哥房金堂从师范学校毕业后做了小学教员，他曾在山东财经学院、山东大学工作，曾任山东大学党委副书记，于 2016 年去世。

原本我们家的经济条件还可以，1937 年日本鬼子来了之后，无恶不作，导致人心惶惶，很多村民出去逃荒、逃难，在这种大环境下，我们家的生活每况愈下。父亲经常教导我们要抗日，不把日本鬼子赶出中国，老百姓就没有好日子过！1940 年，具有强烈民族气节的父亲与几个壮年村民一起离开家乡去参加共产党的地下工作。有父亲的言行教导，哥哥也在 1941 年参加了抗日工作。父亲和哥哥前后离家参加革命后，家中经济条件更加困难。作为家中唯一劳动力的我本可以继续读书，但是到了小学三年级，就不得不辍学打工，在家种田。农闲的时候，我在村里或周边打工，一天的收入是 3 斤（1 斤 =0.5 千克）玉米，可以勉强补贴家中的生活。

1945 年 8 月抗日战争胜利后，哥哥请同事孙连华带信给家里，我们才知道父亲已于 1943 年 3 月牺牲了！父亲生前在淄川黄家裕地下交通站工作，主要负责从渤海到泰安军区的棉花、棉被等物资的运输工作。国民党特务得到情报后，派人对交通站进行了破坏，并暗杀了包括我父亲在内的两名同志。自此，我决定参加共产党的军队，打倒国民党反动派。我当时积极参军的想法，主要是想追随父亲的足迹，再者是为父亲报仇，动机比较简单。

1946 年春节后，我决定参军，就去临沂找到时任临沂山东大学财经队指导员的哥哥。临沂山东大学是 1945 年 8 月由山东抗日人民政府在解放区临沂创办的，为了区别国立山东大学，称临沂山东大学。它是一所以短期训练班形式培养人才的政治大学。在战火纷飞的年代，这所学校为国家培养了近万名干部，为革命战争和后续的建设做出了突出贡献。我们兄弟俩见面后，哥哥说目前处于国共合作阶段，不允许扩兵，他决定先让我去读书。

我带着哥哥开的介绍信去了济南，找到山东大学附中教务主任袁托，袁主任决定先对我进行入学测试，然后再决定是否录取。我小学三年级就辍学了，这么多年过去了，所学的知识几乎都还给了老师，要我考试，何况还有解答应用题，我就更不会了，测试结果自然很不理想。但我坚决要上学，要为父亲报仇。袁主任见我态度决绝，又碍于哥哥的情面无法推脱，就把我编入普一一班，即普通一年级一班，班主任叫菊子才。从此我开始了人生中第二段学习生涯。

普一一班是一个非常团结友爱的集体，无论在生活中，还是在学习上，谁遇到了困难或有不懂的问题，都会有老师和同学主动帮助克服、解决。我非常珍惜这次学习机会，经过数月的努力，终于功夫不负有心人，在 7 月份考试时，我的各科成绩都在 70 分以上。班主任和袁主任也都为我感到高兴。

暑假期间，学校组织学生到沂蒙山沂南县参观学习解放区建设情况。县长徐敏山向我们介绍了该县民兵发展以及他们与日本鬼子打游击的情况。他说沂南县有位神枪手名叫金维三，原是一名雇工，响应当地发展游击队的号召，报名参加了民兵，参军后天天用步枪练习射击，最后习得一手好枪法。有一次鬼子开展大扫荡，他在隐蔽处击中一个鬼子后，就迅速撤换到三里远的地方，鬼子四处找也找不到他，等鬼子放松了警惕，他就又返回原地进行狙击。就这样，他一天来回四五十里路，共消灭了八个敌人，在民兵队伍中树立了较高的威信。在他的带领下，当地民兵队伍迅速发展起来。听了金维三的事迹后，我更加向往部队的生活。

情报工作生涯

1946 年 6 月，解放战争开始打响。一开始，国民党军队全面进攻解放区，但英勇的解放军战士挫败了国民党军的进攻，蒋介石于是改变策略，采取重点进攻，集中兵力攻击解放军的山东、陕北两个区域。由于战争需要，我如愿以偿成功参军。我在沂蒙山新四军情报处教导大队报务训练队接受了 6 个月集训，然后大部分时间都是在情报处工作，从来没有正面战场的实际作战经验。我记得第一次也是唯一一次在"实战中"用枪的经历，在某天晚上，我们正在沂南县某村观看电影《兄妹开荒》，突然听到队长喊："拿枪的同志跟我来，有特务！"当时并不是所有的人都能发到枪，但我正好是有枪一员。听到命令后，我紧跟着队长去追赶特务。在跑动中，我还卧倒并通过背诵"口诀"进行射击，可转眼工夫，特务就跑得不见了人影。事后，队长对于我的勇气给予了鼓励，也对我的"不能致用"表示惋惜。通过这件事，我深刻认识到，理论知识一定要运用到实战中去，部队要采取实战化训练，仗怎么打，平时就怎么练，而不是从理论到理论，从口诀到口诀。

6个月的集训结业后，我被分配到华东军区司令部情报处情报二科工作，直到去上海工作前，我一直负责通讯工作。我们就像邮递员一样，具体任务是通过手动的节奏，及时准确地把四位一组的阿拉伯数字传达到目的地。情报工作的性质很特殊，而且分工较细致，每个人只熟悉自己的工作内容及方式，所以做"邮递员"的我们并不知道"信件"的具体内容，内容是由专门的解密员来读取的。因此我们的工作很普通、很平凡，没有大家想象中的那么惊险或戏剧性，工作的地点也是随着战争情况而辗转南北。

鲁南会战前蒋介石进行了战略调整，他调集40万正规军，配备高性能的美式武器装备，从临沂往北挺进。我军人员仅约20万，装备大都是"小米加步枪"。国民党国防部参谋总长陈诚判断，这一阵势一定会迫使解放军往临沂北撤，对此他做出的具体部署是，先派遣一支部队堵住我们的退路，最终实施两边夹击，妄想把我们消灭在沂蒙山区。而这一情报早已被我方获取，并做出了周密的应战措施。双方交战激烈，最终张灵甫的整编七十四师被歼灭。我们获取情报的方式和方法主要有三类：一是"钻"，要深入敌营获取情报，要钻到敌人心脏里去。现在电视里播放的谍战片，很大程度上在复原当时地下党的工作境遇。二是"抓"，即抓俘虏，通过审讯俘虏来获取情报。我们抓获的国民党俘虏，大多数是战斗意志薄弱，其参军的动机多是为了填饱肚子，或者只是作为壮丁被国民党抓来充军。三是"扒"，即利用先进的科学技术手段，来实现空中截获情报。

在临沂交战后，我们的情报处从藤县迁到莱阳，国民党军队又调集大约 50 万的兵力紧追其后。在胶东的许世友将军掌握着山东兵团，其中包含第七纵、九纵、十三纵队和渤海纵队，这四个纵队对国民党大批兵力进行了牵制。一开始由于战事不利，我们司令部从莱阳撤到掖县（今莱州），后来又乘船去了渤海的羊角沟。这个时候，我们对国民党的情报已经掌握得非常准确、清晰，虽然国民党在胶东的形势暂时有利，但是其后防空虚，京（南京）沪杭只有 20 万部队留守。毛泽东主席命令华东野战军在鲁西南牵制敌人的有生力量，配合晋冀鲁豫野战军（刘邓大军）横渡黄河，挺进大别山。这一战略使蒋介石非常害怕，因为我们一过江，往东可打南京，往西可攻武汉，可以直捣蒋介石老巢。因此，蒋介石命令在山东的国民党部队紧急撤回。面对这种局势，许世友将军说："国民党来好来，走就不会那么容易了！"于是我们在莱阳地区与国民党军队进行了激烈交战，最后消灭了国民党军约 5 万人。这次战役也使整个战争形势发生了变化，彻底粉碎了国民党的重点进攻。

随后，我们司令部情报处从阳信转到挹都（今青州），目的是准备攻打潍县。青州离我的老家淄博很近。我之前写过三封信寄回家，都没有收到回信。据邻村的战友罗上士探亲回来后告诉我，老家有个国民党的"还乡团"到处杀人，他的母亲被杀害，老婆离乡逃难，至今下落不明。因此，我格外担心我的母亲和妹妹，趁着部队调整期间，我向组织请假回家探亲。我的副参谋长非常关心我，他批准我请假三天，并派有作战经验的战友李德先带枪护送我回家。这是我当兵两年多来第一次回家探亲。在回家的路上，正巧碰到同村人，告诉说我母亲和妹妹还活着，她们能够幸免于难着实让我放心和高兴。

　　到了村里，我得知还乡团是国民党的走狗团，团长裘恒旭是地痞流氓，副团长是小地主刘长青。他们在乡里规定，凡是家中有参军的人，按每人 100 两黄金上交，当时这 100 两黄金约合今天的 3 125 克黄金，普通百姓倾家荡产也交不起。我们家里有父亲、哥哥和我三人当兵，那就要交给他们 300 两黄金。家里吃饭都有困难，更别说要交这么多钱。无奈之下，母亲把地契、房契等值钱的东西都拿出来交给他们，但他们不要，威胁母亲说，限三天之内把黄金凑齐，否则就别想活命。我们村里有个雇工马四得知此事后，立刻把这个情况告诉了在淄川县大队二连当连长的亲戚房源坤。房源坤知道后非常气愤，当天派人摸清了裘恒旭的住址，晚上趁裘熟睡时将其击毙，并把事先准备好的告示张贴在裘家房门上，以警告还乡团的人，这就是欺负老百姓、欺负共产党军人家属的下场。这样，我母亲和妹妹的性命才得以保全，这件事也让村里人拍手叫好。后来我才知道那个叫马四的雇工是地下党。

　　随着战事的发展，我们司令部又从青州来到了济南。1948 年 9 月 16 日至 24 日解放军在司令员许世友的指挥下，打响了济南战役。为了解放济南、解放全山东，在解放了胶济铁路上的周村、潍县之后，许世友、谭震林将军就已经着手准备后续的多项工作。周村战役后，被俘的整编三十二师三十六旅旅长写出了济南的兵力部署图；潍县战役后，九纵更是提出了"打到济南府、活捉王耀武"的口号。那时济南已经成为山东境内的一座孤岛，攻克济南表明山东兵团已经转向了对坚固设防的中心城市进行决战性的攻坚战，从此揭开了战略决战的序幕。在打济南外围的时候，曾杀害我父亲的国民党部队被我们全部消灭掉，我也算是报仇雪恨了。我们都讲觉悟，可什么叫觉悟？简单的理解，"觉悟"就是对人民的无限热爱、对敌人的刻骨仇恨。

　　淮海战役是国共双方在 1948 年 11 月到 1949 年 1 月间，以徐州为中心，进行的一次具有战略意义的大规模战役。此次战役双方部队都付出了沉重代价，尤其是蒋介石的精锐部队损失惨重。此役改变了国共双方的政治命运，有两件事情也让我终生难忘。一件发生在淮海战役时，司令部要求我们情报处绝对不允许延误电报的传达，哪怕是一秒钟也不可以。兵贵神速，战时的电报更是十万火急，而且工作量极大，我们情报处每天要连续工作至少 17 个小时，战友杨道珍因连续紧张工作而没时间去厕所，以致尿湿了裤子。现在我们战友谈到这事，仍然觉得很好笑，但是要把工作做好，要打胜仗，就必须具备这种精神。我想不管是战争年代，还是今天的和平时期，都应该传承和弘扬这种忘我奉献的精神。

　　另一件事是，淮海战役时，我们情报处从济南迁到了离藤县七八里远的小李庄。在小李庄住下来后，作为人民的军队，为了体现军民鱼水情，赢得群众的信任，每到一处我们都会帮助老百姓挑水、打扫卫生。我那时兼任民运委员，也积极去做群众工作。我在和我的房东聊天过程中，得知了一个情况，他们家已经两天没饭可吃了。我随即向股长张怀夫汇报了此事，我们马上就如何帮助老百姓渡过难关这一问题召开了小组会议，会上大家同意捐出部分夜餐费用，到集市上买来 60 斤（1 斤 = 0.5 千克）小米送给了房东。收到解放军送来的小米后，房东非常感动，他为了支持革命，当即决定让他 16 岁的儿子报名参军。所以，不管是鲁南会战还是淮海战役，乃至最终国民党溃败撤退到台湾，历史经验告诉我们，依靠广大老百姓的支持和拥护，是取得最终胜利的法宝。相反，国民党内部五大不可调和的矛盾，即正规军与杂牌军、嫡系与非嫡系、军与民、军与政、官与兵的矛盾，决定了国民党必定垮台的命运。

在藤县待了半年多，情报处又辗转经过徐州、扬州、丹阳，到了上海、南京、福建等地。在旧社会，我们大多数解放军战士没有读书识字的机会，参加革命后更是戎马倥偬。新中国成立初期，中央军委发出了在军队实施文化教育的指示。1952年开始进行大规模的全军文化教育运动，为建设现代化的军队打下了人才基础。1952年，我随部队辗转南京等地后，在部队办的"速成中学"读书，之后又被选派出去继续进修。经过一年半的学习，我顺利毕业，然后分配到上海警备区政治部干部处工作。后来又被调到群工处负责武装部、民兵、群众工作，1970年我又被调到警备区守备二师政治部干部科任科长，1972年担任守备七团副政委，1979年又一次被调到南市区人民武装部任政委，直到1983年离休。

一生无悔铸军魂

一路走来，我无怨无悔。从1949年5月参加解放上海战役算起，我来沪近70个年头，即将90岁了，17岁参加革命，至今已有72年。我的工作很普通，不像战斗英雄们，有光荣、突出的英雄事迹。无论在革命时期，还是和平年代，我认为一个人世界观的塑造非常重要。世界观可以体现在两个字上：公和私，尚公就崇义，尚私就信利。一心为公，前途光明，我跟随部队辗转南北，我军所到之处都能得到当地老百姓的拥护。为什么？因为我们部队是急百姓所急，想百姓所想。只有这样才能得到老百姓的信任和支持，也因此我们才建立了新中国。在当今这个信息技术飞速发展的时代，发展科学技术、培养科技人才非常重要。我在情报处的工作属于技术工种，虽然技术含量没有那么高精尖，但没有知识和技能也是不能胜任的。虽然现在的战争形态发生了巨大变化，但是对科技及科技人才的重视是一以贯之的。例如，当今量子通信技术保密性强，容量大，还可以远程传输，在军事及国防等领域扮演着非常重要的角色。尽管时代不断向前发展，我仍然希望艰苦朴素的精神在年轻人中继续传承和发扬下去，同时要做一个精神上富足的人，要乐于奉献，学会感恩，感恩那些用鲜血和生命来书写今天幸福生活的先辈们。

上海是中国共产党人的初心所在、根脉所系，红色文化贯穿于上海发展的全过程，是上海文化的重要特征。瑞金二路街道拥有独特的红色文化资源和深厚的红色文化底蕴，这里也聚集着不少保家卫国的老兵。这些老兵用生命书写着中国近百年的历史，气壮山河的战争记忆、枪林弹雨的生死经历深刻影响了他们的思想和人生的轨迹，他们的生命历程正是中华民族从衰落走向复兴的真实写照。

（采访及整理：郭登杰）

舌尖上的红色征程

讲述人：曹应希

时间：2018 年 1 月 17 日

地点：上海市南昌路曹应希家中

曹应希，1925 年出生于江苏南通，1941 年参加新四军，先后经历抗日战争、解放战争，参与了淮海战役、渡江战役、解放厦门、解放上海等重大战役。1958 年定居上海，任职于上海公安总队，1982 年退休。

　　我并不是上海本地人，出生在江苏省南通市一个叫如东的小县城里。后来因为参军入伍，跟着部队一路到上海，到福建，最后又回到上海。1958年住进了现在的这所房子，一住就是60年，在上海生了最小的女儿，扎下了根。

初入新四军，困苦难想象

　　我年轻时在苏北老家当农民，读过三年私塾，也识得一些字。南通靠海，处于新四军的地盘，东西两侧是日本鬼子的部队，而南面是国民党的地盘。家乡就处在这几股势力中间，所以并不太平，一直处于拉锯战的状态。1941年，我参加了老家当地的游击队，游击队并不属于新四军的编制，是村民自发组织起来的。虽然不是正规武装，但是打鬼子、杀汉奸、保卫百姓的活一样没少干。在当时几乎抓到敌人就杀，尤其是汉奸，他们这种人最为可恶，所以绝不轻饶；如果抓到国民党的人，就会放走或者吸收进共产党的队伍。

　　游击队大多进行的是游击战，苏中地区是同日本鬼子交战最多的地方。日本军队武器相对先进，游击队的武器杂七杂八，缴获的日式装备、土枪土炮、大刀长枪什么都有。游击队很少正面迎敌，会打一枪换一个地方，贯彻毛主席的"游击战"思想，所以日本鬼子根本摸不到游击队在哪。

　　就在1941年，我所在的游击队被新四军收编，就这样成为一名新四军战士。我所在部队是新四军第二十九军，二十九军是主力部队，打仗攻无不克，战无不胜。

虽说当了兵，但其实和平常老百姓没什么不同，白天就帮老百姓种田，或者跟着部队站岗放哨，困了就睡在老百姓家里，晚上行军。那时候当兵的睡眠严重不足，行军结束不吃饭都得睡觉，哪里都能睡得着，地上、猪圈里，有时候在茅坑都能睡着。战士之间都用绳子系在一起，生怕行军过程中走着走着睡着了，被部队落下。在有营房之前，我们都是找到哪里是空的，就睡在哪里。

在穿衣方面平日里就穿着便衣，夏天两件军装，冬天一套棉衣，内衣、衬衫都没有，破了洞就让老百姓帮忙补补，洗衣就是拿热水烫，把虱子什么的都烫死就很好了。因为穿的衣服很少清洗或者更换，身上生褥疮是常有的事。住宿方面，虽然常常睡在老百姓家里，但是也不能和老百姓同睡一张床，每个战士随身背着两斤的被子，到老百姓家就睡地上。冬天很冷，就往身下压稻草，实在经受不住严寒的时候，就向老百姓借棉花，压在身体下面，尽可能不冻坏身子。出行方面，两条泥腿打天下是我们的真实写照。部队行军打仗、转移撤退全靠一双腿，真的是跑断腿。马匹缺乏，车辆没有，装备、粮食一身背，每个战士一身要背个五六十斤的装备，营长以上级别才有一匹马。

在这样艰苦的环境下，还发生过一件让人哭笑不得的事情。那时没有洗衣液之类的清洁用品，但衣服实在脏得没法穿了，听战友说拿汽油洗衣服干净，我就拿缴获的汽油洗衣服。这一洗不要紧，干净是干净了，可是洗过之后没把衣服给摊开，结果衣服全都黏在一起。那时的日子是真苦，和现在根本不能比，没有经历过的人是无法想象的。

不幸被俘虏，困境险脱身

我当新四军的时候，还被日军抓住过，要是没逃出来，可能就去见马克思了。当时部队驻扎在如东县城，建立了如东县新政府，我所在的特务连和七连负责保护新政府，九连在东边负责支援。可是谁知道新政府的位置被汉奸泄露给了日本人，得知消息后的日本军队立即派兵前来围剿。附近的日军开始出动，派出 500 多人的大队，驻守在新政府侧面的九连发现了日本军队的动向，两边就交上了火。政府接到敌人入侵的消息后就开始组织转移，特务连担负起掩护新政府撤退的任务。主力部队撤走了，特务连只有 200 多个人，我们边打边跑，在这过程中我和另一个战友不幸被俘虏了。

我俩被绑在日军部队里，跟着日军一起走，我和战友当时真的很害怕。在鬼子撤退的路上，经过一个叫苗家庄的地方，遇上了驻扎在那里的八路军，两边交上了火。我和战友就被扔给了日军部队后方的伪军，在伪军那里我们胆子就大了起来，和他们说中国人不打中国人之类的话，伪军就放松了警惕。还好我们年轻，才十五六岁，机灵得如同猴子，我俩背靠背互相解掉手上的绳结，趁乱摸黑从伪军手上逃了出来。先是逃到老百姓家避难，老百姓家没有人，更别说吃的东西，但我俩也顾不上饿肚子赶紧回归大部队。

虽然逃了出来，但是我们把枪丢了，这可是极大的过错。现在的人可能难以理解，当时部队武器奇缺，奉行"枪支第一，性命第二"的原则，丢了武器可是要命的事。我们就找个机会，又回到被俘时日军经过的路上，捡了日军用的"三八大盖"（"三八大盖"即三八式步枪，在中国一向俗称为"三八大盖"）。回到县里大部队还是受到组织的批评，不过我们欣然接受。

坚定跟党走，一心向军营

1945 年 8 月 15 日，日本宣告投降，抗日战争胜利。赶走了侵华日军，不久又爆发了国共内战，解放战争开始。在三年解放战争中，我一直在二十九军中担任司务长一职。

司务长就是"管家婆"，负责连队的生活饮食。我能当上司务长，还要感谢当时的营长。我所在连队的前任司务长带人去搜寻粮食时踩到地雷，不幸牺牲。但是连队里不能缺少管理伙食的人，同志们没饭吃怎么去打仗。这个时候营长想到了我，一是我在革命队伍中待了较长时间，品行有目共睹，不开小差、不好吃懒做，可靠踏实，有文化、有责任心。二是我有在炊事班任职的经验，知道炊事班的运作流程，可以保障连队的伙食供应，不让战士们饿肚子。所以营长就将八连司务长一职授予了我，对我说："我不放心其他人，这个任务就交给你了，你来管伙食我放心。"并且将钞票、粮票一并给了我。当上司务长后，我经他人介绍入党，成为一名共产党党员。

1949 年 4 月 24 日，解放军渡过长江，打响上海战役。我带着炊事班，亲自划船把物资送到对岸。进入上海市区后，部队严格贯彻"三大纪律八项注意"，解放军进城后不惊扰百姓，就地睡在大街上，满大街都是解放军。之后通过宣传接触，老百姓才知道解放军是一支怎么样的队伍，不打人不骂人，不随意进入百姓屋子。

　　上海解放后，1949 年 8 月，我又参加了解放厦门的战役。打厦门的时候战况异常惨烈。部队刚到厦门，很多北方兵没见过海，不熟悉地形，不知道有些地方是泥沼地。部队行军时稍不注意一下子就会陷进去。好在我在家乡见过泥沼地，了解这是怎么回事，才能小心避开，有很多战士陷进泥沼里再也没有出来。1949 年东海舰队组建，缺少人员，我所在的部队又投身到海军建设中。先去了江苏的连云港，接着去了浙江的平湖，最后又回到上海。1949 年的时候解放军根本没有正规的海军，都是从陆军里面挑选，接受训练。

　　我在厦门一直待到 1951 年，重回上海。这次回上海，类似赶集，主要任务是来上海采购米面、白糖等生活物资。当时上海真是不比现在，用一个字来形容就是"乱"，鱼龙混杂，各式各样的人出没于上海这块地方。国民党反动派留下的特务，破坏共产党建立的机关设施；也有专门欺负百姓的流氓小偷，抢东西偷东西。但是这些人不敢碰解放军，看到解放军就躲得远远的。上海能迅速恢复秩序，真的是多亏了陈毅等共产党人付出的努力。

　　回厦门之后，征兵工作已经如火如荼地进行了一段时间。虽然标准不及现在的严格，但是也有年龄要求，太老、太小的都不会接纳；在体质要求上非常严格，有顽疾的都不要；还考察家庭背景，地主、恶霸都不要；同时也开始招收知识分子，比如招收大学生入伍。所做的这些都是为了给部队换血，剔除那些动机不纯或者居心叵测者，吸收优秀的、有热忱、有理想、有追求的新鲜血液。同时部队开始分配人员去当地机关、工厂任职。我不太愿意去，理由很简单，我听不懂、说不好福建话，最终还是留在了部队。1953 年，我和现在的老伴结了婚，她也是当兵的。

1958 年，我又来到上海，住在现在的这个地方，就再也没有换过住处。国家把我分配到上海公安总队任职，此后我便一直待在那里工作直到退休。我现在的住址原先是国民党特务大队住的房子。这些特务就在这栋楼里时刻监视着思南路上的周公馆（中国共产党代表团驻沪办事处旧址）的动静。周公馆里一有人出来，他们就立刻出动，尾随跟踪。解放上海时，解放军从国民党手中缴获了这栋房子。现在过了这么多年，外面的风景还是那样，旧时的风貌保持得很好。我在这里有了自己的孩子，孩子又有了孩子，一辈一辈的也算在上海繁衍生息了。

采买有讲究，做饭有学问

我当这个司务长直到解放战争结束。打仗讲究兵马未动，粮草先行，司务长要管着大家吃饭。那个时候是有什么吃什么，平均每个战士身上都备着三天的粮食，走到哪，饭就在哪吃。做饭吃饭有两个规矩，一个是"三个一斤"，分别是一斤米、一斤肉、一斤菜，是部队的伙食标准。菜、肉不够就拿米粉来补，米粉可以给，菜、肉不能补。另一个是"七分烧八分吃"，是指烧饭用七分钟，吃饭只给八分钟，一吹哨就立马暂停，吃饭在当时也要训练的。

吃饭也是门学问，怎么吃得多，吃得饱，都是训练出来的。吃饭时多打饭少打菜，第一份少打一点，吃得快一点，这样才能去打第二碗饭，要不然第一碗吃不掉，就不能去打第二碗。部队规定不能剩饭，所以先把饭吃完，菜留着，再去吃第二碗。菜其实就只有一小盆，也根本没时间吃，能把饭吃完就不错了。

吃的东西大多是从百姓或地主家买来的，油、盐、粮食、肉、菜当时都有定价，根据价格和部队规模统一发粮票和钞票。采买东西的人每天回来记账，记账后再进行公布，一个月一次。所以每天吃多少东西，花多少钱，都要有理有据。结余的话下月再扣，透支的话下月要补。

炊事班可不像现在电视剧演的那样，在大后方煮好了饭等部队打完仗回来吃，炊事班要走在部队最前面。部队开进到哪，炊事班就要比大部队先到那里，早早把饭煮好，部队一到就开始吃饭，吃完继续行军。行军时不敢光明正大地生火，只能偷偷生火，生怕被敌人发现。一个炊事班要管一百多人的伙食，一个排分配两到三个炊事员，专门烧饭；还有三个人，一人买菜，一人管理粮食，一个司务长，十一二个人管理一个连队的伙食。部队烧饭时，一个人支锅上水，一个人去借运粮食，菜房把菜准备好，炊事员烧菜，烧好的饭菜装进锅里，送到战士们面前。全程讲究一个"快"，烧饭快，吃饭也快。炊事班不仅在后方烧饭，还要往前线送饭，因此炊事员和司务长在战斗中都有牺牲。

汇聚百姓粮，齐心干革命

在抗日战争的时候，地方上共产党有村长，国民党有保长，这两个人主要负责为各自的部队筹粮。部队吃的粮食不固定，什么都有，大米小米、杂粮五谷，有什么吃什么。部队的米面肉菜有一部分是从百姓家借的，把粮票、钞票给百姓，百姓把粮食借给我们，共产党的队伍不可以白拿东西。那时人民币还没有发行，国民党印制的金圆券又不值钱，我们就用自己的抗币，在敌后抗日根据地使用，给老百姓当借据。

江北地区很贫穷，在那里筹粮很困难。幸亏得到一个叫孙二富的海盗帮助，我们才有粮食吃，后来他投诚了新四军。孙二富在江北地区劫富济贫，但是不打新四军，他知道我们是抗日的，还给我们送粮食、海鱼。在春天青黄不接的时候，没饭吃，我们就把鱼晒成鱼干，拿火烤一烤，没有油没有味，有时候还没熟，就这样拿来当饭吃。

解放战争时部队进入江南地区，那里没有村长，部队就会组建"筹粮队"。几个连队组成一个筹粮队，去找到当地的大地主、大豪绅、大资本家要粮食，请他们来部队坐坐，跟他们说："我们大军过了江，现在没粮食，想请你出点粮食，你出价，会给你粮票、钞票，以后你再找国家算账。"江南富有，粮食充足，地主、资本家给解放军的粮食都是四五十袋。每个战士身上装三斤粮食，用四五个小米袋装，存够三天。那时候有这么一句话"碰到机会就能吃好的，碰不到机会就吃不到"，碰到地主家里有猪有粮就能吃顿好的，缴获国民党仓库有罐头有米面，就能改善伙食。

解放战争后期，部队吃的粮食主要来自后勤总部，总部会给各个部队供应粮食。有时粮食会供应不上，部队就会自己去筹粮，拿着总部发的粮票，找当地的村长。村长再去找老百姓筹集粮食，他家三斤，你家五斤，东拼西凑。自己筹粮可能伙食会很差，战士们就把借来的地瓜干、黄豆、高粱，一股脑全倒进水里，煮熟捣成糊糊，做成煎饼。淮海战役前夕，粮食供应不上，解放军就只能自己筹粮。可那一带的百姓很穷，连绿色植物都很少看到。我们去到百姓家里，他们只能拿出几两萝卜干，还要留自家的口粮。如果缴获了国民党的粮站，就可以供应大军的伙食，粮站有大米，可以煮大米饭吃。其实有吃的就很好了，更何况有时候还吃不上饭。

吃饺子在当时就是件很奢侈的事，一般是不打仗才会吃。包饺子是整个部队一起包，馅料不够，米粉来凑，每次吃饺子都是件很开心的事情。记得有一次吃饺子，饺子刚下锅，就听到传令兵来说："快走快走，我们要立刻转移。"但那一锅好好的饺子又舍不得扔，炊事员和几个战士就把饺子捞出来，用布袋装着，汤倒掉，火灭掉，带着半生不熟的饺子上路。行军路上一边走一边吃，也不管熟不熟、烂没烂，就这样吃了一顿饺子。

肉一般是几个礼拜吃一次，鱼在当时很少吃，因为没有味道又不管饱，还没有油水。当兵的普遍缺少油水，打仗行军都是要力气的事，士兵大多是十几二十岁的小伙子，最大的也才三十出头，所以没有油水根本不行。一个排一顿饭吃一头猪是常事，遇到地主家养了黑毛猪，就可以改善下伙食。部队常常会拿东西从老百姓家里换猪肉。解放战争时期缴获了国民党部队的仓库，里面有些做衣服的好布料，可我们又不会做衣服。本以为拿着没用，我想到一个好点子，拿着布料去到老百姓家里换了好些猪肉。肉是有什么吃什么，马肉、牛肉都吃过，能捉到什么动物吃什么动物。

和平安稳才是真

现在人常说，"打江山容易坐江山难"，其实打江山也是一样的不容易，打仗死人都是一批一批的。解放战争的时候，共产党军队 120 万人，国民党军队 800 万人。我们一穷二白，什么都没有，国民党有钱有装备，有兵工厂造东西，而解放军全靠缴获。但共产党军队在人民的拥护下，三四年就赢得了胜利，彻底打败了国民党军队。这胜利来之不易，参加过战争的人都知道。

最初当兵，我的心思非常单纯，就认为共产党八路军好，国民党反动派坏。当时有一句话叫"好男不当兵，好铁不打钉"，就是送给国民党的。国民党的部队是靠"抓壮丁"的方法来让老百姓加入军队，抓过去也不管士兵死活，军官随意打骂士兵。所以我就加入了新四军。在之后的耳濡目染中，我才了解到共产党军队是一支站在人民这边的队伍，打的是侵略者、反动派。

在军队待久了就会有老兵、新兵之分，老兵可以从子弹打过来的方向，判断出敌人所在，确定自己应该采用哪种方式前进，如匍匐、半蹲或站立，还知道敌人会装死，一定要补一枪，新兵不懂，为此牺牲是常事。战争期间的死亡，常常是无法想象的。

有一次八连缴获了国民党的火箭筒，但没人会使用。于是连长、副连长、排长就一起研究怎么用，可突然间就爆炸了，连长他们一下子全都牺牲了。所以当兵的信念根本不是求生，而是赴死，每天一醒来，就准备好面对死亡。

　　共产党领导的军队，从无到有，从弱到强，最大的帮助是来自广大的老百姓。如果没有老百姓的支持，共产党不可能走到今天，也不可能获得最终的胜利。在当游击队员的时候，和老百姓朝夕相处，我们保护他们的安全，他们给我们提供住处。成为新四军之后，到处面临日本鬼子、国民党反动派的围剿，冒着巨大的风险，老百姓也一样庇护我们。共产党军队同样坚定地站在人民这一边，建立革命统一战线。即使有些百姓刚开始对我们有误解、有惧怕，但是共产党部队纪律严明，而且这些纪律都落到了实处，让老百姓对共产党的看法有了转变，让共产党真正赢得了民心。人民军队一路走来筚路蓝缕，服装破烂，走路靠双腿，枪支靠缴获，吃饭靠人民帮忙，一步一步获得胜利。老百姓才是共产党的倚靠，是共产党的力量源泉。

（采访及整理：赵子晨）

再忆解放军南下

讲述人：韩冠英
时间：2018 年 1 月 24 日
地点：上海市雁荡路 10 弄韩冠英家中

韩冠英，祖籍河南辉县，1932 年出生于山东济南。1948 年参加革命，1949 年随大军南下，辗转山东、安徽、江苏各地，1949 年 5 月随部队进驻上海，之后定居上海。曾先后在中国人民银行上海分行、上海市计划委员会、手工业管理局、工业生产委员会等部门工作。

我的革命情缘

红色记忆对我个人来说，可能显得很遥远了，因为我参加革命的时候年龄很小，只有16岁，1949年2月参加解放军南下时也才刚刚17岁。

我的祖籍是河南辉县，父母都是河南辉县人，我在山东济南出生。父亲当时是一个普通的职员，我3岁半时母亲因为生我弟弟而病故了。母亲去世后父亲将我从济南送回了老家河南辉县，交由叔父们照顾。我11岁时叔叔又将我送回到济南父亲身边。从那时起我开始在济南读小学四年级，此后的学习生涯全部是在济南度过的。我初中毕业于山东济南一中，这是一所很有名的红色中学，高中就读于山东胜利工业职业学校高级染织科。

我读高中的时候恰逢淮海战役，从1948年11月一直持续到1949年1月。虽然我们学生没有到前线去打仗，但是大家都时刻关注着战争形势。当时前线战场上不断有解放军伤员被送下来，他们急需用血。我所在的学校就号召学生们去火车站献血，为救治伤员贡献自己的力量。那时同学们个个热血沸腾、心系前线，虽然身在后方但都想出一份力。有一天晚上我从学校跑到火车站，准备当晚献血，结果却等了整整一夜，直到天亮也没有献成功。因为那天前线并没有伤员送下来，最后我只能返回学校。虽然没有献血成功，但直到现在回想起当时那种氛围我依然觉得很激动。

南下革命记忆

1948 年 9 月，经过 8 天 8 夜的连续作战之后济南被成功解放。济南解放的意义是相当巨大的，它大大地增强了解放军在大城市攻坚克敌的信心；华北、华东两大解放区自此完全连成一片；同时极大地打击了敌军的士气，敌军据守大城市进行顽强抵抗的信心也动摇了。济南被攻克后，驻扎在菏泽、临沂、烟台等地的国民党军队纷纷弃城而逃，山东境内只剩少量据点，使得解放军南下作战再无顾忌。

济南解放时我正就读于山东胜利商业传媒学校银行系。济南解放后我响应党的号召，加入了青州总队，自此参加了革命。后来作为战略兵团的山东兵团按照 1948 年 5 月份确定的计划全部南下，与中原、苏北各部协同，进行更大规模的歼灭战。当时中央要求华东军区抽调 15 000 名干部参加南下。在此情形下，1949 年 2 月正在学校读书的我也加入了南下大军的队伍，部队的番号是"华东参办南京中队第七大队（银行界）"。我现在还能很清楚地回忆起当时南下的过程，一路上队伍辗转了很多地方，用过各种交通工具，大家想尽一切办法克服困难，这些我一辈子都忘不了。

当时上级要求在 1949 年 2 月底所有部队在徐州集中，我们学校在 2 月 14 日举行了动员仪式。2 月 21 日就出发南下，行军速度非常快，次日早晨便到达了徐州并开始南下。我们是坐货运火车从济南到达徐州的，这种火车是用来运输军用物资以及其他货物的。车厢没有窗户，很闷，可大家只能挤在一起，条件很艰苦。我的爱人当时也是

1949 年 2 月 22 日韩冠英乘坐的火车

1949 年 2 月 22 日韩冠英跟随部队到达徐州

乘坐这种货运火车南下的，不过那时我俩还不认识，我们是到上海以后才认识的。南下的队伍相当庞大，场面也十分震撼，那时天空还下着雨，但是大家的心都是紧紧联结在一起。

到达徐州以后我们发现蚌埠铁路大桥已经被敌军炸毁，火车线路不通，只能改乘汽车前往安徽固镇。那一带区域都是淮海战役的战场，路面情况相当糟糕，现在我都印象深刻。到达安徽固镇以后我们下车步行，其中有一段差不多两里的路，泥泞不堪，坑坑洼洼。我的脚踩到上面就陷进泥里，一直没到膝盖。我想把脚抬起来接着往前走，可是双脚全部陷在泥地里，根本抬不起来。那段路走得特别艰难，所以前进的速度也受到了很大的影响，但是除了走路行军已经没有别的办法。就是在这种很糟糕的环境下，我们到达了安徽蚌埠的怀远县。

接着我们从蚌埠出发，坐船渡过淮河到达江苏宝应。在安徽和江苏交界处的洪泽湖，原本我们计划用时三天渡河，但实际上只花了两天时间，最终到达了芦苇地带进行休整。也就是在那个时候发生了一个小插曲，我们发现有一艘船竟然漏水了，船上还有战士和物资，一船人的生命和财产都面临着威胁。那是相当惊险的一幕，因为船漏水需要转移人员和物资，这就使人员一下子分散开来，使原本紧凑的部队因此而出现变动。虽然我们并不在那艘船上，但是真真切切目睹了眼前发生的一切，也是非常担心。只是最终我也没有机会看到那艘漏水的船是怎么处理的，只能坐着船继续前进。一路下来我们遇到了很多危险、困难和突发情况，但是靠着大家的团结一致、严明纪律使得南下的步伐从来没有停止。

到达宝应后我们继续背着背包，沿着大运河的土坝一路向南行军。就在我们刚刚离开宝应的那天——1949 年 5 月 3 日，杭州解放了。攻占杭州是京沪杭战役的重要组成部分，大大保证了解放军继续南下的步伐。后来我们沿着大运河到了扬州六圩，我们从扬州六圩码头出发准备强渡长江天险。我印象特别深刻的一个场景，是队伍连夜行军赶路期间没有停歇，大家背着很重的背包从天黑一直走到天明。每个人都极度疲劳，但即使如此大家也毫无怨言，而是跟随大部队一直向前进发。天亮时有一会儿能够停下来休息，我只记得自己一躺在地上就睡着了。

横渡长江不是件容易的事情，除了自然地理环境的限制外，更可怕的是时时刻刻都能够感受到身边潜藏着的危险，尤其是头顶上敌机在不断地骚扰、机枪在不停地扫射。六圩码头那个地方没有候车室之类的，准备过江前我们就直接坐在地上等待出发。可能因为真的太累了，许多人一坐下就睡着了，连头顶有敌机扫射都不管了。当时国民党的飞机封锁着江面，给我们造成很大的困难，所以我们只能在晚上行动。我们过江用的交通工具是小货轮，类似于今天黄浦江上的摆渡船，虽然体积很小但载人多，每次都有大约 30 个人一起上到小货轮上。小货轮只在晚上开，白天目标太过明显，但即便是在晚上也不会开很多趟。那天我是最后一批上船渡江的，时间正好是晚上 12 点，由于一批人都要上去，所以差不多到 1 点才结束登船，然后坐着小货轮到达了江苏镇江。很有意思的是我还在船舱里睡了一觉，整个人躺在背包上，现在想来那种危急情况下还能够睡着也是很难得的。

在整个南下的过程中队伍内部士气十分高涨，我们经常在行军途中唱着行军歌相互之间鼓舞。我们唱过很多歌，印象最深的是我们部队的同志们在一起编的一首行军歌，歌名叫作"人民战士过长江"，1949 年 4 月的时候我把歌词抄在纸上，现在还保存着。它是很珍贵的一个纪念，这首行军歌现在我也还会唱：

　　"人民战士过长江，光荣任务在前方。打过长江，打过长江，打过长江把胜利带到前方。

　　你们前面走，我们就跟上。你们前面走，噢！我们就跟上。打过长江，打过长江，打过长江，把解放的旗帜带到南方。

　　你们前面走，我们就跟上。你们前面走，噢！我们就跟

韩冠英手抄的《人民战士过长江》歌词

上。打过长江，打过长江，打过长江，把胜利的旗帜插遍全国的土地上。"

歌词和旋律都简单，但却唱出了雄赳赳、气昂昂的气势。正是在这样的气势鼓舞下，大家抱着同一个目标一起前进，解放南方，解放全中国。

参与上海解放

1949 年 5 月 8 日解放军前线、地下党、野战军开始召开丹阳会议，研究攻打上海，当时陈毅是总指挥。也就是在那个时候我所在的部队转入到解放上海的大军中。在丹阳会议上部队决定了解放上海的方针政策，5 月 12 日开始对上海外围发动攻势。解放上海有一个很大的特点，同时也是一个规定，当时用陈毅的话来说就是"瓷器店里打老鼠"。老鼠是人人喊打的，但是打老鼠的过程中瓷碗、瓷盘等珍贵瓷器却不能打破。用这个来比喻解放上海，意思是既要歼灭敌人，又要保护人民的生命财产安全，完整地解放上海，这是陈毅对上海战役非常形象的描述。当时还有很多其他规定，比如不能用大炮，因为若是一用大炮，人民群众的财产势必会受到损害，这个城市就完了，打完之后再重新建造就不是那么容易的；也不能用重武器，所以部队还提出了"让大炮休息，让炸药靠边"的口号，在进攻市区的时候主要使用轻武器，不准开炮和用炸药等等。此外采用将敌人引出的办法，尽最大的可能来减少士兵伤亡以及对城市的损害，攻打上海解放军一共牺牲7 613人[①]。当时上海有20万敌军，15.3万人被歼，5万左右敌军从吴淞口登船逃跑。相较于解放济南用时8天8夜，上海解放是用了16天16夜。

在这个战争过程中上海人的生活一切正常，没有因打仗而停滞，当时我看见的情形简单说来就是：工厂依然在开工，学生依然在上课，商店依然在营业，交通也很通畅，马路上并不乱，一切都很有秩序。这是战争史上的奇迹！歼灭了这么多的敌人，但是城市却几乎未遭受什么破坏，这在中外战争史上也是罕见的。毛泽东指示的要文打的政治进攻战在这里得到了最完美的实现。上海解放后的第二天早上，老百姓起床开门一看：原来上海解放了！随后禁不住感

---

① 1949年5月27日15时，历时16天的上海战役结束，上海全部解放。7 613名解放军指战员，72名随军支前干部、民工，100名上海地方革命志士，共计7 785名中国革命的优秀儿女在上海解放战役中牺牲。

叹：怎么会这个样子，几乎没有遭到破坏。上海是当时我国最大的城市，也是当时亚洲最大的城市，我们要把对上海这座城市的损害降到最低。这是怎么做到的？这是在解放军出色的指挥、严明的纪律、顽强的战斗下做到的。

解放军进入上海后执行城市政策和部队纪律的好坏直接影响到中国共产党、新中国的声誉。第一件事是非常有名的，在当时被叫作"上海睡马路"，陈毅同志说这是"我们解放军送给上海人民的见面礼"。我记得有的连队在进攻上海之前还集中在一起认真学习了《约法八章》《三大公约》《十项守则》等规章制度，目的是为了牢记纪律要求，落实上级关于"解放上海不仅是一场军事斗争，也是一场政治斗争"的要求。

在解放上海的过程中接管大军陆陆续续从各地进入上海，我自己也是在一个下雨的晚上随队进入的。大量部队的涌入使得住成了一个问题，但那时根本没有那么多地方可以供人住下来，所以要解决这个问题很不容易。有一个记者拍下了解放军露宿上海街头的照片，这张照片真实地反映了解放军严格遵守纪律，不入民宅的情形，不仅在当时的中国，甚至在全世界都引起了很大的反响，现在回想起来我依然很激动。

南下是解放战争以后我党的一个重大战略决策，我们这批南下的革命战士离开了自己的故乡，虽然曾遇到过很多的艰难险阻甚至是生命危险，但最终还是圆满完成了党和人民赋予我们的历史使命。南下精神主要体现在十六个字：顾全大局，艰苦奋斗，勇于牺牲，乐于奉献。我所在的部队任务是接管京沪杭，战争结束后我留在了上海，另外一些战友去了杭州，也有个别人员去了四川支援，因为当时四川还没有解放。

上海解放初期的故事

上海解放后的一段时期内治安状况很差，有很多国民党特务、地痞、流氓搞破坏，我在上海参加了镇压反革命的运动。1950 年 4 月 27 日的晚上，我突然接到一个通知，内容是让我到中国人民银行大楼的四楼开会，我立马赶过去。我到那里之后一直等着开会，但奇怪的是没有任何一个人说具体几点开会，就这样一直等到晚上 12 点才正式开会。在一旁的其他工作人员有秩序地往门外走，走的过程中一句话也不说，但是会给我们看一个口令，这个口令写在他们的手心上。有个工作人员摊开他的手心给我看，上面写了两个字：坚定。除此之外就没有别的字词。之后他们就走了，而我们看见这两个字就知道自己要抱着怎样的态度和信念来对待上级交给自己的任务了。

在会议上，上级给我布置了所负责的工作范围和职责：在公安局门口蹲点监督，也就是现在福州路 185 号公安局大楼对面那一带区域，这地方是旧社会市政府的所在地。我当时就在那里站岗，如果有人走出来就要上前询问，如果发现是坏人就要立刻抓起来。那个时候有些同事还要执行其他地下工作，比如男同志要穿西装、打领结，头发抹得锃亮；女同志则要穿着裙子、化上妆，到歌舞厅里去，他们要在暗中监视敌情。

　　解放初期上海路面上很多车辆乱停乱放，不按交通秩序行驶，人行道也被各种摊贩占了位置，显得很混乱，于是上海市公安局颁布了一系列的规章法令来重新规范秩序。此外解放前夕国民党政府金融体系崩溃，金圆券狂跌，"黄（黄金）、白（银元）、绿（美钞）"统治金融市场，物价一天之内竟然会涨好几次，普通老百姓的生活真的是相当苦。为此上海市政府采取了一系列的办法来打击投机倒把的行为。总的来说，上海解放后查处了证券大楼投机倒把的银元贩子，结束了"黄（黄金）、白（银元）、绿（美钞）"统治旧上海的局面，巩固了人民币的地位，加速了上海支援全国的进程。

　　国民党败退台湾后，50年代初期仍时不时地骚扰上海，妄图反攻大陆。比如派飞机轰炸上海的电力公司等机构。上海解放以后整个城市并没有完全安定下来，还存在着很多危险和混乱，这些都是需要一点点地来进行恢复和重建。

　　进入上海后我在上海的中国人民银行军事代表团折实工作队工作，做的是折实储蓄的工作。1949年上海解放初期时由于长期战争的破坏，生产尚未恢复，通货膨胀严重，物价波动剧烈。为了稳定市场，保障人民生活，人民政府采取了折实的办法：以一定种类、一定数量实物的价格总和作为折实单位。规定一个折实单位包含的实物为白粳米1升、生油50克、煤球500克和布1尺（1尺=0.33米），按前5天平均价格为标准计算，用这4种东西组成一个单位，用4种物价合成一个价格，这个价格每天会升降，发工资也是照着这个价来发，这个办法对安定人民生活起到一定的作用。当时折实已经在上海推行，其他推行的省市包括像北京、南京等地。后来中国人民银行制定了统一的折实储蓄章程，缩短期限，放宽对象，普遍收存。随后物价趋于稳定，折实储蓄这个临时的办法便逐渐消失，到 1955 年第二套人民币发行时这套办法被彻底废除。这之后我又在其他机构工作过，如计划委员会、手工业管理局、工业生产委员会等等。

退休前我按照单位的要求填写了一张工作履历表，我一共罗列出了 52 个工作单位名称，这是一般人不会有的数量。

亲历历史，不忘历史

南下来到上海，到定居在上海这个城市，我见证了上海的变化。刚来到上海的时候，饮食、居住等很多方面都和在北方的生活情形不同，我也是慢慢地才融入进来。就拿饮食来说，北方多吃的是面食，上海多吃米饭，我倒是吃得来，但我爱人也是山东人，她一开始吃不惯米饭，后来才慢慢习惯了。再比如刚来的时候我们连抽水马桶怎么用都不知道，想想也是很好笑。

时代发展了，上海发生的变化可谓是翻天覆地。还记得解放战争刚结束时，外国人大多离开了，马路上汽车还是挺多的，从我当时工作的中国人民银行楼上看下去会发现停着的车差不多有一百辆。那时候的外滩和现在根本不能比，地面坑坑洼洼，也没什么绿化，堤坝也很低；建筑上，当时的中国人民银行大楼算是最高的建筑了，此外基本上没什么高楼。1956 年上海发大水，江水径直漫上来，中国人民银行楼下存放的钱全部被运到最高的 13 楼，现在想想也是很有意思。

现在看外滩，游客如云，人员纷杂，堤坝也被建得越来越高，楼也越来越多，又高又漂亮。

我在上海住了大半辈子，这个城市给我留下了很多美好的回忆。年轻的时候我是一个体育爱好者，尤其爱好游泳，我最擅长的是蛙泳。我曾在50年代3次参加了上海体委举办的"横渡黄浦江"活动，当时体委号召大家一起来运动，增强体格。我记得那时候整个上海报名参加"横渡黄浦江"比赛的人有3 300人左右，但并不是只要报了名都能进入到最后的比赛，而是要通过考验才能有参赛资格，那就是先在黄浦江里顺水游550米，逆水游550米，再从中挑选出达到要求的人。当时及格的有700多人，我是其中之一。

"横渡黄浦江"比赛距离全长1 800米，游泳的路线是一个斜线，这是一个大家都知道的窍门，只要把握住了这个方向，运用到实际的游泳过程中，不被江水冲下去就能成功。在第一届游泳比赛中我得了第三名，获得了一枚赤铜色的纪念奖章；第二次比赛的时候我更进一步获得了第二名，拥有了一块银色的纪念奖章。当时有一个小细节让我至今深受感动，游泳当天天气很炎热，太阳火辣辣地晒在背上，那时年轻也不懂保护措施，就露着背在黄浦江里游。结果我的背就晒伤了，很疼，一位素不相识的老同志就在我的背上抹了防晒精油，当他把药涂上去时我感觉疼痛一下子就减轻了。虽然他只是做了一个很小的举动，但现在想起来还是觉得很温暖、很感激，这也让我体会到上海这个城市浓浓的人情味。

我们今天的幸福生活都是先烈们用鲜血换来的，所以年轻人更要珍惜现在的大好环境，通过学习不断地提高自己各方面的能力。我以前读书的时候历史学得特别好，因为对历史很感兴趣。我的夫人和我一样，她被分配到其他的连队上前线，作为一名医疗队员一路南下。我们同样都是从山东出发跟随部队一路克服重重困难，经历了整个南下的过程。红色记忆是属于我们这代人的，但是对于今天的年轻人而言，同样需要了解过去发生的那段历史。学好历史很重要，它让一个人知道过去是怎么样的，怎么就一步步发展到了今天的样子，我想如果读懂了历史，也就读懂了这其中全部的意义。

（采访及整理：章佳瑶）

"海上为家，岸上为客"的难忘岁月

讲述人：任孔文
时间：2018 年 1 月 22 日
地点：上海市长乐路任孔文家中

任孔文，1930 年出生于河南省上蔡县，1949 年 7 月参加革命。1950 年 2 月入伍，曾在中国人民解放军海军学校（原大连海军学校）学习，1952 年毕业后被分配到海军东海舰队，其间担任东海舰队登陆舰第五支队司令部机电业务长；1955 年定居上海；1963 年获大尉军衔；1977 年加入中国共产党；1987 年 1 月离休。

我出生于 1930 年，祖籍河南上蔡。上蔡县就是《东周列国志》中所记载的古蔡国，它有文字记载的历史可追溯到公元前 1046 年，周武王姬发灭商建西周。西周建立后姬发封其弟叔度于蔡，叔度在此建立蔡国并且以国为氏，史称上蔡。上蔡县距今约有 3 000 年历史，曾在 2007 年被联合国地名专家组授予"千年古县"的称号。

我的父亲是上蔡县的一位开明绅士，他毕业于燕京大学（后并入北京大学）机械系。父亲的思想很进步，听母亲说，他在燕京大学读书时曾经参加过"五四"运动，只是父亲从未跟我提起。父亲时常说起的是创办学校的经历。他自燕京大学毕业时，国家局势动荡不安，内忧外患。在深重的民族危机面前很多人崇尚"实业救国"，而父亲却一心想着"教育救国"，于是他毕业后立即回到老家上蔡开始实施"教育救国"的理想。那时候上蔡县还没有中学，父亲主动带头发动县城里部分进步人士，争取他们自发捐款支持这项事业。最后父亲成功地在上蔡县创办了私立初中和高中。另外还有一些初中和高中也在父亲的倡导和支持下创办起来。之后在父亲和其他一些心怀教育救国理想人士的努力下，上蔡县的整体教育水平有了很大提升。我父亲为人中正，威望很高，尤其是在青年学生中。在我的记忆里，常有很多学成归来的学生到家里探望父亲，他们和父亲畅快地聊天，谈国家大事，也谈个人、家庭小事。

1935 年国民党结束了训政阶段，开始实行宪政。在国民党实行宪政期间父亲曾被推举为副议长，他所经办学校里的一个教员被评选为议长。听母亲说，父亲之所以能被推举为副议长凭的全是自己的声望。父亲一生淡泊名利，从不趋炎附势，讨好别人。对于子女，他只愿我们在学业和技术上有所造诣而不希望我们进入政界。所以在父亲思想的影响下，我从小就立志要当一名工程师，然而国家的实际需要改变了我最初的梦想。

我从 6 岁开始读书，读到三年级时因成绩优异跳过一级，直接从三年级升到五年级，所以我只读了四年小学。初中和高中都是在父亲经办的学校里就读，那时我的成绩在班上一直名列前茅。1947 年我顺利地考入河南大学机械系，当时的河南大学还是河南省唯一的一所本科院校。我虽然考入了本省最好的大学，但当时我理想中的大学却不在河南。高中时期我曾对国内知名大学有着很大的憧憬，比如上海的震旦大学和交通大学，也曾立志要努力考入这种高水平的大学。凭着这种信念的支撑，我曾只身一人辗转来到上海参加考试，但没想到河南的教育水平比上海差很多，试卷上很多题目我完全不会做，考了一门之后就放弃了。

紧随形势意外参军

考入河南大学机械系后，我本以为自己离工程师的梦想又近了一步，然而意外总是在不经意间悄然而至，改变了我的整个人生航向。我并没有从河南大学顺利毕业。

1949 年我还在河南大学读二年级，学校要选拔一批优秀的学生组成一个集训队，当时被称作"南下集训"。为什么要南下呢？这是由于当时江南才刚解放，急需一部分人南下到新区开展工作，带领群众支援新区建设。我作为思想先进的学生，被选中参加集训队。在集训队里学习的主要内容是与政治相关课程，我记得有毛泽东的《新民主主义论》、艾思奇的《大众哲学》等。学习了几天，我突然接到学校通知，中央军委决定在大连成立海军学校，并将在各大高校秘密选拔学员赴大连海军学校学习。就这样我又一次作为思想比较进步的学生被选中，调去参加海军。

起初父母很不支持我当海军，因为在他们的思想中有"好男不当兵，好铁不打钉"的想法，只希望我在学业上有所成就。但我却觉得当海军是一件十分光荣的事情，不顾家人反对毅然踏上了从军征程。

我参加海军投身革命，与当时新中国成立时的需要是分不开的。1949 年初毛泽东同志就认识到中国的落后在很大程度上是由于海防的落后，他曾多次指出："从 1840 年到今天，100 多年了，鸦片战争、中日甲午战争、八国联军侵华战争都是从海上打进来的。中国一败再败，屡次吃亏，割地赔款，就在于政府腐败，没有一支像样的海军，没有海防。"1949 年 1 月 8 日毛泽东在中央政治局会议上做出《目前形势和 1949 年的任务》的决议，明确指出："1949 年及 1950 年我们应当争取组成一支能够使用的空军及一支能够保卫沿海、沿江的海军。"此后毛泽东屡次强调我国海军建设的迫切性。

1949 年 2 月，解放战争还在进行。当我们取得节节胜利之时，国民党最大的军舰"重庆号"巡洋舰在舰长邓兆祥的率领下毅然起义，开赴解放区。从此中国人民解放军有了自己的军舰，中国人民解放军海军在解放战争的隆隆炮火声中正式诞生。

1949年4月23日，中国人民解放军海军——华东军区海军领导机构在江苏泰州白马庙成立，此后中共中央做出了创建人民海军的战略性决策。由于解放军还没有海军队伍，为了尽快建设海军，中央军委便决定从全国各地的高校如北京大学、清华大学、浙江大学等抽调一部分思想进步的知识分子参加海军。

1950年2月，我被送到中国人民解放军海军学校（简称"大连海军学校"）学习，我是第一批到达这里的。大连海军学校是新中国第一所海军学校，成立于1949年11月22日，它是张学思在周恩来的委托下创办的。张学思是张学良同父异母的弟弟，他是中国海军的灵魂人物。1949年5月周恩来总理在中南海会见了张学思，并对他说："新中国不仅要有陆军，还要组建空军和海军。历来建军要先建校，你去办一所人民海军的黄埔军校。有了培养海军干部的学校，人民海军才有发展的资本嘛！"1949年10月，张学思在北京见到了萧劲光，知悉毛主席嘱托萧劲光主持创建海军，便向军委提议由萧劲光兼任海军学校校长。那时萧劲光还是全国人大常委会副委员长和国防部部长，由于50年代任职尚不受限制，故他同时还是第十二兵团司令、湖南军区司令和湖南人民军政委员会代主任。同年11月22日，军委正式批复任命萧劲光为大连海军学校校长兼政委，张学思为副校长兼副政委，并提出办学方针，即"学习苏联经验，办正规海军学校"。

经过缜密的筹备与规划，大连海军学校于1950年2月正式开学。之后这里成为新中国第一所正规海军高等学府，它依山傍海景色秀美并享有"海军军官摇篮"的美誉。我很幸运能成为"摇篮"里的第一批学生。尽管海军筹建初期国家急需培养一批海军人才，但能当海军却不是一件容易的事情，需要经过严格筛选。还记得刚入校时我曾遇到的困难，入学第一步是检查身体，学校规定每个学员需要抽200毫升左右的血，我抽完血后竟然晕倒了！所幸我的血液并没有什么问题，这才使我得以顺利进入海校学习。

大连海军学校在学制上分普通班（四年制）和速成班（两年制）。普通班的学员一般是从高考中择优录取，速成班则选拔了我们这批至少拥有两年大学学习经历的理工科知识分子。那时大学生不多，因此普通班和速成班的学员加起来也就200人左右。学校处于创建初期，各方面的条件还不够成熟，只有舰艇指挥和机械工程两个系。到1950年12月，舰艇指挥系扩编为指挥分校，机械工程系扩编为机械分校，指挥分校仍在原校址，机械分校则设在了大连寺儿沟。1952年9月大连海军学校更名为"中国人民解放军海军第一学校"，其下所辖指挥分校和机械分校分别被命名为"第一海校"和"第二海校"。第一海校后来发展为现在的中国人民解放军海军大连舰艇学院，学习的主要是台面上的技术，如航海、枪炮、鱼雷、水雷等；第二海校后迁至武汉，发展为现在的武汉海军工程大学，主要学习内部技术，即维修船上的机械设备。

中央军委一直很关心大连海军学校的建设。1950年4月海军司令员萧劲光来学校视察，在全校教职员工大会上发言时说："工业建设首先要有钢铁。鞍山是我们国家的工业基地。大连海校就是我们海军建设的鞍钢……大家要团结起来，奋发图强，共同为建设强大人民海军奋斗。"1951年周恩来总理来大连海军学校视察时也说道："我国是个濒海的大陆国家，海岸线绵长。因此，我们一定要建立一支'海上长城'。海军前途很远大，既是大海的保卫者，又是大海的建设者，你们是海洋的骄子啊！"

在中央军委的支持下，海军建设有了很大的进步。1950年10月1日，在北京天安门广场举行了建国一周年阅兵典礼和庆祝仪式，有40余万来自社会各界的人士参观这场庆典。我作为受阅部队一员参加了阅兵典礼。当时人民解放军的武器还没有来得及更新，携带的仍是战争年代从敌人那里缴获来的各式轻武器。参加阅兵的官兵也都只换上新军装和大檐帽。上午11时，在庄严的国歌声中阅兵仪式正式开始。毛泽东主席等党和国家领导人在天安门城楼观看了阅兵式，解放军总司令朱德检阅部队。我们刚到北京时，朱德总司令就来看望我们，这给了我们巨大的鼓舞。受阅部队以空军和海军学院的学生为先导，依次为步兵、炮兵、战车摩托化部队和骑兵；海军和陆军分别组成一个方队，我们海校的学生自然是海军主力，我当时就在这个方队里。作为一名海军护旗兵，我感到无比光荣！在这次阅兵仪式中，陆、海、空三军用英武雄姿向全世界展示了中国人民保卫和平的强大力量。

这次阅兵是我国海军的第一次公开亮相，海军的威武雄姿给世人留下了深刻印象。但此时我国面临的国内外形势却非常严峻，朝鲜局势恶化，新中国的安全受到严重威胁。在这一天，毛泽东同志还收到朝鲜领导人发来的请求中国出兵救援的信件，朱德总司令在阅兵式上也发布命令，就朝鲜战争爆发，美军趁机进驻中国领土台湾的严峻局势，要求中国人民解放军做好战斗准备。检阅结束后，毛泽东回到中南海马上就召开了关于是否出兵朝鲜的会议，最终做出了在 10 月中旬赴朝鲜抗美援朝的决策。

无风浪不海军

刘华清上将曾说："未识海上风浪的水兵，算不得真正的海军。"在海校学习期间，我们不仅要学习海军相关理论知识，还需要出海实习，增强实战经验。最开始实习是在一艘小炮艇上，那艘小炮艇才 20 多吨，类似于现在黄浦江上很普通的交通艇。记得在建校之初，张学思副校长还曾亲自带领我们进行了一次实习。当时还没有实习舰艇，学校就在大连旅顺口租了一艘名为"东方号"的商船，我们就在商船上进行了一次很有意义的实习，虽时隔多年，但那次实习的情景仍历历在目。

尽管初冬的清晨天寒地冻，海面上笼罩着轻纱一般的白雾，整个海面波澜不惊，但我们的心却是温暖的、雀跃的。我们乘坐"东方号"商船驶离大连海湾，在大连老虎滩外的外海来回航行，在航行途中，心情也随着船的起伏而激动不已。我记得那条船摆动幅度很大，大约有 45 度。机械系的学员在下面操纵着机器，刚开始的时候我们很不适应，头晕目眩、呕吐不止。航行半天之后，到了中午才得以在沙滩上休息片刻，但是休息过后马上回船，下午继续坚持前进。这次实习，我们一行人的激动与辛酸是难以言喻的！张学思副校长曾鼓励我们道："将来你们毕业后，都是要到舰艇上去工作，你们的战斗岗位在海上，因此从现在起，就应该树立'海上为家，岸上为客'的思想。""海上为家，岸上为客"这八个字，其实就是我们海军的真实写照。

机械系的实习内容主要是操纵管理船上的机械设备，不参与研究、设计和建造。后来学校提倡自修，我们也去学习一些维修方面的知识。舰艇上的管理机构过去是这样划分的：舰长、政委是主要负责人，下面有五个部门，分别是航海部门、枪炮部门、鱼水雷部门、通信部门和机电部门，大的舰艇上还会有小的工厂。现在舰艇上的部门类别要比过去细致复杂得多，我们那会儿的舰艇是三级舰艇，属于营的编制，现在一般是二级舰艇，属于团的编制。

历尽千帆不坠青云

两年的海校学习生涯转瞬即逝，1952 年 6 月，我们面临毕业分配。那时候毕业生无法自己主动选择志愿，一切须听从组织的安排，党指向哪里就去往哪里。毕业后我被分配到东海舰队，基地在上海。东海舰队的前身是 1949 年 4 月 23 日在江苏泰州白马庙成立的华东军区海军。1952 年东海舰队只有两个刚刚成立的舰队，分别是第五支队和第七支队。我被分配到第五支队，第五支队的基地最初是在武昌路附近的二码头，后来设到虬江码头。虬江码头位于上海江湾镇东南侧，军工路东侧，是黄浦江边的一个很不起眼的小码头。"虬江"一词有这样一个来历：古时的吴淞江发源于太湖，是古太湖的一个泄洪道，后来随着江南人口的急剧增长，吴淞江下游被分割成很多段，吴淞江本身也渐渐淤塞，其最后一段因弯曲似盘虬卧龙，故以此得名"虬江"。过去从虬江码头到上海市区交通很不方便，需途经五角场等多处周转，但现在来往两者间不过是几分钟的事情。

第五支队是人民海军第一支登陆舰部队。当时我们有 100 多条 20 吨重的游艇，一艘游艇刚好可以装一辆坦克，这些游艇组成一支登陆舰队。在海军创建初期，我们的登陆舰艇都是从国民党那里缴获的非常破旧的舰船。国民党统治时期将其称之为"中美联合"：国民党海军装备的大型坦克登陆舰 LST 以"中"字打头，通称"中字号"，"中字号"有 3 000 多吨重；中型登陆舰 LSM 则以"美"字打头，通称"美字号"，"美字号"是 900 多吨；步兵登陆艇 LCI 的通称为"联字号"，"联字号"有 300 多吨；通用登陆艇 LCU 则以"合"字打头，"合字号"只有 20 吨。"中美联合"四个字就是由这四类登陆舰舰名的字头组成的。

在华东军区工作期间，我的职务是海军东海舰队登陆舰第五支队司令部机电业务长，平时主要工作是负责管理支队登陆舰上机电部门的各种事务，此后岗位基本上没有变动。作为一名海军，虽任务繁杂、四海为家，但日子过得却是充实不乏味，其间的几次特殊经历令我至今仍记忆犹新。

1953 年，我们从东海出发到旅顺、大连执行任务，舰艇驶向渤海途中突然遇见大风浪，船的摇摆幅度近 70 度！在此情况下我们打算从汕头转弯到烟台避风，但由于风力过猛，移动起来颇为费力，在移动时往往夹杂着很大的噪声。在大家都为舰艇悬心时，船被风浪震得几乎整个儿快要断裂开。突然听到"咔嚓"一声，船头往下裂了一个很大的缺口，从一级甲板裂到下面三层！在船头上待着的人担心船头会整个断裂掉，都慌忙逃到船舱中。遇到这样的事情，不少人都被吓得心惊胆战、手足无措。但我身为船上的机电长，这个时候必须保持镇静，想出应对措施。我考虑到渤海湾比较接近陆地，风浪小，且便于靠岸维修，于是赶紧把舰艇掉头往渤海湾走。艰难地赶到之后，我们的舰艇已经被毁坏不少，于是在烟台停下来进行了半日的维修，才得以继续航行。这是我工作后最危险的一次经历，所以印象也极其深刻，现在回想起来仍毛骨悚然！

还有一次难忘的经历是我们的舰队在普陀山搁浅。由于我们这艘登陆舰的船底是平的，正常情况下登陆的时候平底会发出"啪嗒"的声响，接着很顺利地"坐"到海滩上。但那天很不幸遇到了台风，巨大的海浪一扑过来船体瞬间被"墩"裂！裂了以后，无法继续行驶，我们就让它在海滩上停留了很多天。直到后来利用涨潮，我们在水下建了200多个木头支柱，支撑好以后再从下面使劲儿地才把3 000多吨的船拉了上来。船下的螺旋桨损坏特别严重，几乎整体掉落，整个舰艇都一片狼藉，看起来几乎不能使用。但我们没有放弃，把它拉到江南造船厂进行细致的维修，后来修好了还能正常使用。

在海军工作期间，我除了做好本职工作以外，偶尔还会参与执行肃清沿岸国民党残余和土匪的任务。除此之外我还参加过新中国历史上比较著名的战役——一江山岛战役。

一江山岛战役发生于 1955 年 1 月 18 日，是中国人民解放军对国民党军据守的浙江省东部一江山岛进行的进攻作战。新中国成立后，以蒋介石为首的国民党集团败退到台湾，其残余部队退至东南沿海部分岛屿，企图利用这些岛屿作为拱卫台湾和对大陆实施反攻的前进基地。这些岛屿的指挥中心和防御重点是大陈岛，如果说大陈岛是台湾的"北大门"，那么一江山岛是这扇大门的"门闩"。于是解放军华东军区决定集中兵力先攻占一江山岛，之后再转兵攻取大陈岛，以击破国民党军在浙东沿海岛屿的防御体系。在一江山岛战役中，解放军由华东军区参谋长张爱萍统一指挥，并且在战役中首次成功实施了海、陆、空三军协同作战。

当时我们的海军还没有导弹，作战只能依靠大炮和舰艇，水下攻击主要靠鱼雷，水下防御则主要靠深水炸弹。与陆军作战时的当面、直接的特点不同，海军的作战地点一般距敌方较远。与其他舰艇相比，登陆舰吃水相对较浅，上不了岸，只能放出舰上的艇。一般一艘登陆舰上会有一个小艇，上面装着坦克，坦克是水陆两用的。考虑到我们舰艇的实际情况，在本次作战中我们登陆舰艇的主要任务就是把登陆兵和坦克运送到岸边，之后我们就迅速撤回。只要顺利地把人和坦克运送过去，我们就圆满完成了任务。

我平时的工作主要负责舰艇的机械和电器，所以在那次战役中我并没有上岸作战，主要任务就是输送登陆兵。我们之前演习的时候也曾多次模拟过这种情境。记得有一次演习，我曾作为海军军区代表跟随登陆艇上过岸，但是在岸上不能逗留太久。因为作战计划都是按分秒来计算的，什么时间是哪方准备都是事先安排好的。比如，如果这个时候是空军准备，空军就要去轰炸沿海岛屿，之后的时间才会轮到海军作战；海军的任务主要是在舰艇上对敌军进行火炮攻击，攻击结束以后登陆舰才出场，运送登陆兵去岸上作战。由于我们登陆舰的船底是平的，行进时左右摇摆度非常大，许多人晕船特别严重。人一晕船就吃不下任何东西，这时候不光是身体疲惫，精神状态也很差。后来陆军在海上待了几天后，亲身感受到我们终日漂泊的艰辛，也慢慢地理解了我们。

一江山岛战役解放军取得了最终胜利，岛上的国民党守军被全部肃清，一江山岛获得彻底解放。国民党当局因一江山岛失守，大陈岛失去屏障无力防守，被迫放弃该岛并于 2 月 8 日夜从该岛逃走。自此继一江山岛之后大陈岛也获得了解放。为此张爱萍将军还即兴写了一篇《沁园春·一江山渡海登陆战即景》。

东海风光，寥廓蓝天，滔滔碧浪。看骑鲸蹈海，风驰虎跃；雄鹰猎猎，雷击龙翔。雄师易统，戎机难觅；陆海空直捣金汤，锐难当。望大陈列岛，火海汪洋。

料得帅骇军慌，凭一纸空文岂能防。忆昔诺曼底，西西里岛，冲绳大战，何须鼓簧。固若磐石，陡崖峭壁，首战奏凯震八荒。英雄赞，似西湖竞渡，初试锋芒。

这首词很形象地描绘了当时的作战场景和我军的作战气势。

除了紧张的作战，1956 年我还曾参加"穿江运粮"的工作，即把四川的粮食通过长江运往华东各地。新中国成立后，被誉为"天府之国"的四川因实行"土改"，粮食产量连年增加，库存富余，每年国家都会从四川外调粮食支援全国。1950 年是四川省解放后第一次向外省大规模调粮，主要是调往上海及华东地区，那时调粮的主要运输方式是船运。我们乘坐舰艇由上海出发前往武汉，再由武汉辗转到重庆，之后在重庆沿江返程把粮食调往各地。

　　我至今清楚地记得重庆的粮食只能由"河"字号舰艇运送。在这里有必要提一下"河"字号、"山"字号两种舰艇：人民海军将中型登陆舰 LSM 命名为"× 河"，统称为"河"字号，如黄河、辽河、运河等；将大型坦克登陆舰 LST 命名为"× 山"，统称为"山"字号，如井冈山、沂蒙山、大别山等。"河"字号舰艇当时只有 90 多吨，可以到达重庆，而"山"字号最远只能到达武汉。我们第五支队当时只有"山"字号和"河"字号两种登陆舰，80 年代末这两类舰艇才开始退役，部分"山"字号登陆舰甚至到 90 年代末才退出现役。退役之后有些舰艇还沿用原来的名称，如沂蒙山、太阳山、大别山，虽然名字还在，但舰艇已经全部更换成更大、更先进的了。

　　值得骄傲的是我在工作期间曾经立过二等功。1959 年我们支队还没有交通艇，舰艇靠岸时需要借助其他小艇的帮助，因此巡逻很不方便。在这种情况下支队领导提出让我们试着组装一个交通艇，说干就干，上级马上从各个部门调了一批人。那时部队里的大学生本来就很少，我们这批被挑选来当兵的大学生的业务水平和总体素质相对算是比较高的，所以上级对我们也很重视，就被抽调过去建小艇。

　　我们在虬江码头附近选择了一块空地，紧接着把废弃的破铜烂

任孔文先生中年时期照片

铁收集到那里，在下面用几块木头垫着就开始了工作。那时为了造一艘小艇，每个人都特别忙碌，大家几乎是不分日夜地工作，有时甚至 24 小时都不睡觉！我身为机电业务长，一天到晚在舰上跑东跑西查看工作进展，也是非常辛苦。但即使如此大家的精神状态都一直很好，我想可能因为每个人都深刻体会到了奉献的意义、活着的价值。最后在这样艰苦的环境下，我们组装出一个交通艇，并把交通艇命名为"水兵一号"，后来它被调到南京玄武湖上巡逻。我们部队还曾派了两个兵到那儿专门负责维修。再后来这艘交通艇"退休"了，从玄武湖中吊起来，先是被拖到北京的颐和园，后又被送到军事博物馆成为展览品。在那次造艇过程中，我是负责造艇的主力，并且敢想敢干，因此舰艇造出来之后就被授予二等功。二等功在部队里已经算是不小的功劳，为此我感到很荣耀！

返璞归真享晚年

1955 年我结婚了，爱人是同乡，婚后我们到上海定居。其实从某种意义上来说，当海军的人没有所谓的"定居"，因为我们是在海上漂泊的，走到哪儿哪儿就是家。由于我是工作期间成的家，之后有了子女，就按照政策报了上海户口。那时的上海在定居方面还没有太多限制，尤其是找工作和报户口都比现在容易得多。定居上海后不久，我爱人很快就找到了一份幼教工作，这主要得益于她曾在老家当过幼儿园老师。

我在上海生活了几十年，见证了这座城市所发生的翻天覆地的变化，也在无形中融入其中。1987 年我因身体不适离休。像我们这样在新中国成立以前参加革命的，最后离开工作岗位都叫离休。那时强调干部终身制，所以我就当了一辈子的海军。加上之前立过二等功，做出过一定成绩，领导对我也尤为重视。工作期间部队里曾想提拔我为副支队长，希望我从此转入管理岗位，但我因身体不适无法继续工作，只能离休。离休之后还是因为身体原因无法转业去从事其他工作。

离休之后我最大的爱好就是打太极拳，并且对此十分痴迷。太极拳是中国的优秀传统文化，在 2006 年被列入中国首批国家非物质文化遗产名录。练太极可以使人强身健体、颐养性情。我先前在一个老师那儿学了 4 年的太极，那个太极拳老师身体非常好，他在 100 岁的时候还能骑着自行车到处跑。后来我自己也教了一部分学生，其中一个女学生问我："任老师，您教我们学太极竟然不收钱？"我听了很不高兴，我认为把所有的事都和钱挂上钩，人生是没有意义的。

回想这一生的经历，我觉得自己一直都很幸运，没有太大的波折，而且还拥有一段光辉的海军岁月。我的生活哲学是：人生在世不能有太高的要求，要学会知足常乐，对于人生中遇到的意外，也要用乐观的心态去看待；无论做什么事情，身体都是第一位的。有人曾说：声誉是属于过去的，权力总是暂时的，财产最终是他人的，健康才是自己的。现在我已近鲐背之年，也算真正体会到了这句话的蕴意。如今能够生活在习近平引领的新时代，我感觉自己非常幸福！在当前这个时代，中国的国际地位和国际影响力比以往任何时候都要高，我由衷地相信中国的发展肯定会越来越好。

（采访及整理：王娇）

生命不息学习不止的普通战士

讲述人：王水健
时间：2018 年 1 月 20 日
地点：上海市思南路 33 号王水健家中

王水健，1927 年出生于山东荣成，1944 年参加革命，其间经历过山东抗日根据地大反攻和淮海战役，做过医助、文化干事、机要人员。1949 年至 1988 年，历任上海市物资储备局人事科干部、铅笔二厂支部书记、卢湾区淮海中路街道办事处副主任，1988 年 10 月离休。

1944 年 9 月，这时已是抗日战争后期，我还在老家山东荣成念书。

这时胶东地区的总体局势已有好转。但日本军队还会时不时出来扫荡，中国共产党的抗日部队和机关要经常改换驻地，避免敌人袭击。当时专员公署和地委想要成立一个训练班，培养青年干部，于是号召当地青年积极参加。进入训练班前有一个考察，通过了才可以录取。考察内容主要是个人的文化水平。我考虑到自己在这方面并不差，就跟着很多热血知识青年一起去报名，最后顺利通过了！就这样我参加了革命。参军以后，部队要培养卫生员，我被选中参加卫生医疗训练队，接受了为期 8 个月的训练。

刚进部队时条件比较艰苦，吃的方面主要根据供给制标准，穿着方面，部队会发一件棉大衣。冬天时，白天穿棉大衣御寒，晚上当被子用，一般情况下没什么问题，但如果下大雪，天寒地冻的只有一件棉大衣，那是远远不够的。只是那时物资紧缺，我们也只能咬着牙硬挺过去。

到了 1945 年，山东局势变得好起来，敌人被孤立在烟台、青岛、潍县这些地方，基本失去了"扫荡"的能力。随之中国军队进入战略反攻阶段，上级决定攻打烟台。

战场上锻炼医术

1945 年六七月份，正式攻打烟台以前，后方供应部门的工作，包括卫生工作就都准备好了。当时为了加强各部队的医疗力量，卫生医疗训练队的人员被分配到各个连队、机关单位。我被分配到东海卫生处的第二医院，到那之后执行的第一个任务就是接收从攻打烟台战斗中运回来的伤员。不久我们从医院出发，到红石头村去建立医疗点。

在红石头村，用来接收伤员的病房被安排在一个小学里。房屋墙壁四周用布围起来搭成了一个棚子，主要是防止风把灰尘吹进来，以免伤病员伤口造成感染。棚子里边则当作无菌室使用，简单地在房子里面放个桌子就是手术台。病床是在几个凳子上搁一张门板搭成的，再在上面铺上当地群众支援的被子、褥子、垫子，就用来收治伤员。手术时医生要了解伤员伤口里面有没有弹片，但因为没有特定的仪器，只能用铜制的探针去探测。总体而言，我们的行医环境很艰苦、医疗设备很简陋。我们医疗队的人手也比较紧张，只有第二医院的一部分人和参加过卫生医疗训练队的青年。

在红石头村驻扎两天之后，就陆续有伤员被运回来，他们需要先由医生快速检查，然后进行分门别类的诊治，比如要动手术的则要尽快动手术；需要疗养的就临时先包扎一下，再进行处理；伤势较轻的则稍微进行下一处理，嘱咐休养换药。医生第一道分类检查后，发现好多人都需要动手术。由于当时的情况下手术室和医生都很紧缺，医生需要连续几天几夜地工作。我那时候还只是一个医助，不是正式医生，但是由于人手缺乏，也被安排给伤员做一些简单的手术。

伤员护理工作则主要是发动群众来帮忙。红石头村的群众都很热情，每天都会有一些老百姓自愿前来，帮助伤员换药、换洗绷带，照料他们的饮食起居，天气热的时候还会主动扇扇子为伤员驱赶蚊虫。

在用药方面，由于没有进口药，只好大量地使用比较简单常见的消炎药，一般会用"消法灭定"和"类夫诺儿"等，对伤口进行杀菌消毒。那时候没有盘尼西林，有的话许多感染的战士打上两针就好了。

大概经过一个多月的时间，医疗点才逐渐走上了正轨。战士们的伤病疗养好了，就可以出院，还未养好的，就归到第二医院。第二医院也给当地老百姓看病。当时老百姓主要是看内科，有些老百姓生了肝病，肚子胀得很大，病成这样，基本上就没办法救了。因为有些病要开刀，我们又没有开刀的技术，即使用药也没有什么好的特效药。我当时被派去给百姓看病，有不懂的就跟着医生学。我记得我们曾收治过一个小孩，这个小孩子的屁股长了一个肿块，肿块里边化脓了，需要开刀，但是感觉还不到开刀的最佳时机。于是我就先在患处贴了一块膏药，等到条件成熟后再开刀。记得手术时，一刀切下去，脓液喷了我一脸，可见这个小孩的情况还是挺严重的，但令人欣慰的是，开刀之后这个小孩子的病慢慢好了，恢复如常。

再之后，我做了一段时期的文化干事，主要分管部队的文化娱乐活动。我担任歌咏队的队长，经常组织青年练习唱歌。有一次东海文工团到我们这儿来，还组织我们演过《抓壮丁》这出戏。

再后来胶东军区要培养干部，把我调到教导营去学习。在那边待了没多久，胶东军区要培养一批机要人员，我被抽调到胶东军区司令部下属的一个机要训练队，培训结束后我被分派到西海分区工作一年。这之后华东局要抽调大约 40 名机要人员充实部队，我又去了华东局。

亲历淮海战役

我进入华东局后不久，就投入到淮海战役中。1948年8月份，我们乘汽车从位于渤海的华东局到了鲁南，这两地的距离大概有600里（约300千米）。下了汽车后，还需要步行。部队行军走得很急，一天差不多要走140华里（约70千米）。淮海战役前期，部队大量地补充兵员，正是一个发展壮大期，所以局势对我们比较有利。

部队在下午5点钟就准时出发，经过连续行军，直到第二天的中午12点。行军过程中，我们遇到过敌人的一次空袭。就在大家集合完毕正要准备出发的时候，敌人的两架飞机突然从南向北飞来，我们以为敌机要扫射轰炸，但什么也没有发生，我们还暗自庆幸，以为飞机就这样过去了，但没想到，几分钟之后它又调转回来，用机关枪进行扫射，子弹在公路上打出很深的弹痕，还打伤了几匹马。敌机突然一个回马枪，我们毫无防备，只能被动挨打。

行军的时候有两类人很辛苦：一类是炊事员，另一类是通信员。炊事员要做饭，做好饭后还得喊大家起来吃饭；通信员则要负责拉、收电线，部队驻下之后要拉电线，部队走之前要去收线。我们普通士兵是不用做这些的，到地方就可以躺下来休息。

因为战事繁忙，有时会碰到许多部队"并肩行进"的壮观景象，每支部队行军，大家就靠路标分辨不同队伍的行进方向。有一天晚上，我们发现一条公路上竟然有七八个行列在一同前行。我们部队就这样走到了江苏邳县（今邳州市）的炮车镇，然后就地驻扎下来。邳县是"黄泛区"，这里的百姓生活虽然艰苦，但是人很热情。他们的房子是用泥土盖的，粮食也少，基本靠山芋充饥。在邳县住了几天后，黄百韬兵团被我军消灭了，听前线的战士回来说，战斗进行得很激烈。

原本我们日夜行军，兼程赶路，紧紧尾随敌军，但狡猾的敌人用炮火掩护，趁着夜色逃跑了，直到第二天我们才发现这个情况，于是又继续去追赶。我军沿着陇海铁路，向南经过三十里铺后又过河。刚开始，大家发现路上有子弹，就捡起来自用；继续向前走，又发现有好多成箱的子弹；往前走了一段，看见遍地都是敌人遗弃的汽车，可见敌人逃得很狼狈。

我们部队一路追到永城县，把国民党的三个兵团包围在方圆15千米的范围内。包围圈很小，大批的国民党部队都挤在里面，我军战士开玩笑说，每开一炮肯定会打中几个。敌人在包围圈内挖壕沟，冬天下雪的时候他们把降落伞撑在树上做成一个简易帐篷，当然降落伞防寒的效果并不好，可想而知，敌军的日子也不好过。国民党军队被包围后，我们就开始做政治宣传，动员他们投降，因为离得比较近就用喇叭喊话。一开始敌方的士兵安静地听着，到后来两边还会吵起来。我们要他们认清形势变化赶快投降，他们却说要继续战斗争取胜利。那边的长官一听见我们喊话就发脾气大骂，有时候还会向我们射击。

因为解放军势如破竹，行军很快，一开始粮食供应不上，战士们只能吃山芋充饥。后来情况好转，吃饭问题基本上得到解决。当地的粮食早已被国民党部队抢光了，老百姓没吃的只能挨饿，看见我们吃饭会来讨饭吃。老百姓挨饿的样子，我们看着心里很难受，总会匀一点吃的给他们。

而包围圈里国民党部队的食物来源主要是靠飞机空投，每次空投都会发生战斗。空投食物有时落在我们这边，敌军就会和我们抢；落在国民党那边，他们内部也会抢，谁也不想饿着肚子打仗。有些抢不到食物的士兵只好把老百姓种在地里的麦苗挖来吃，还有的饿得实在扛不住了，爬到我们这边来要吃的。此时，得益于人民群众的支持，解放军这边的粮食供应是畅通的。国民党士兵偷偷爬过来，我们就用馒头招待，吃好之后再让他们回去做宣传工作，饿了就上解放军这边来，我们会提供食物。

刚驻扎在永城县时，整个机要科就住在马棚里。机要科的作用就是把电台的保密信息翻译成数字，用电台发送出去，接收信息时，则是把数字翻译成文字。依靠这样的联络方式，机要科为部队的战事联系提供了保障，近程通信用电话，远程通信依靠电台。那时马棚里一边养着马，另一边住人。到了夜里，马匹还会走动，又拉屎撒尿，整个马棚臭气熏天，我们工作居住的环境实在是很糟糕。待情况略微稳定下来后，机要科就搬到村子外的一个地堡里。搬到地堡后每次我们吃饭时，敌人就开始向我们发射炮弹。那些炮弹全打在村外的地堡上，有一次还打中了地堡下面的一个通信班，里面的几个人因此受伤。

有一天一位姓李的文工团战友来看望我，他是六〇师九团的，以前和我都在西海分区。他把当时还发热的炮弹皮子拿给我看，说道："我刚刚中了炮弹皮子，还好它打在棉衣上，要是穿单衣的话就危险了，这么大一块炮弹皮子呐！"

在机要科一部电台要几十个人来操作，后来部队都集中了，不需要用电台进行远程通信。我和司令部的一些同志就没有事情做，所以我们跟政委提出要到前线去打仗。刚开始政委不同意，他认为司令部的人全离开岗位的话，真正有任务时就找不到人，而且机关干部不是战斗部队，我们又不懂作战方面的具体要求。但是后来他想了一个办法，让我们白天去前线支援部队修筑工事或者做政治工作，晚上去帮卫生部门接收伤员，做些力所能及的辅助工作。

在战争相持阶段中，有两件事情值得一说。一件是教育俘虏问题。当时我们师部机关有三个支部委员，我是其中的一个，此外还有一位姓陈的同志做支部书记。我们三个人根据部队的要求教育俘虏。那时候部队机关里有三五十个俘虏，我们三个决定对他们进行"忆苦思甜"的教育。我们先把标语贴在墙上，然后让俘虏们每个人带个小凳子，到学校里边集中开忆苦思甜大会。大会开始，先由支部书记带头讲农村的情况，他讲述了老百姓们如何遭受保长的压迫、被抽壮丁、生活贫困等遭遇，底下坐着的好多俘虏想到自己的经历，都放声痛哭。我记得有个俘虏讲述伪保长是怎么抓到他当壮丁的经过。好几个俘虏听了以后，更是泣不成声——他们人人都有一部自己的苦难史。1949 年的元旦，我们就这样和俘虏们一起过了个"哭"年。那晚 10 点钟左右忆苦思甜会才结束，我们原来准备第二天再接着开。但是没想到的是，我们那天晚上开会，只想着诉苦诉怨，却没有说清楚保长如此猖狂的根源是国民党反动政权的存在，在教育过程中没有挖出"穷根"，结果第二天几个仇恨保长的俘虏居然逃回家报仇去了！尽管如此，在教育俘虏的这个过程中，忆苦思甜的方式还是大大提高了他们的觉悟，可以说是有效的。

另一件是押送俘虏的事情。当时淮海战役已经接近胜利，平常敌人还不时地开枪开炮，那天早上却没有声音，我就向师长请求骑马出去看看情况，师长同意了。我骑着马往南边走了两里路之后，看到一队队投降的国民党兵迎面走来，就马上跑回司令部报告情况。司令部安排我去把俘虏集中起来，领他们去吃饭。那些俘虏好几天没吃饭了，一经招呼，他们很快就跑过来。在路上他们看见个香烟头都要捡起来拿着抽；有的遇见卖花生的老百姓，就想要买花生，但是老百姓要人民币，他们只有金圆券，就买不成。军官能用金戒指买到花生，但是普通士兵没有钱就硬抢，这时候我们赶紧过去维持秩序，禁止他们乱抢。带着这些俘虏又往前走了一段，突然发现敌人的飞机来了！原本以为飞机要扫射，结果它转了一圈后并没有采取什么行动，可能是因为分不清楚这下面到底是解放军部队还是国民党部队。

为国家需要而学习

淮海战役胜利后，解放军以摧枯拉朽之势攻克了南京，紧接着准备攻打上海。上海当时是中国的经济中心，攻打这样一个国际大都市，解放军面临着不小的挑战。我们先是在浙江湖州的南浔学习城市政策，后来又到江苏苏州的震泽请上海地下党的同志介绍情况、进城注意事项、上海的风俗习惯等等。这就是为什么解放军进城时，士兵们宁肯睡在马路上也绝不去打扰居民。在震泽住了一个月，我就和军部一起乘船从湖州到了周浦。到周浦时，解放上海的战斗已经打响，晚上从周浦向上海市区望去，天空被炮火映得通红。

几天后，我们乘坐火车抵达上海市区。从叶家花园下来，我记得旁边就是港务局。过江以后，经过一个棚户区，老百姓很热情地围拢过来，问长问短，比如问我们是如何当兵的。那时候我背个短枪，他们还问我包枪布的颜色是不是跟官职大小有关系。总之，上海老百姓见了我们解放军，对什么都很好奇。我还记得那里有一个很热情的大学生向我们表示非常欢迎我们的到来。最后我们驻扎在岳阳路上的宋子文公馆，和张翼翔军长住在一起。之后我基本上不太出门，一是因为不熟悉当地情况，二是确实也没什么事情需要外出。

当时我们在宋子文公馆里住得很不习惯。以前在老百姓家里还可以用茅草垫着睡觉，但在宋公馆里只能睡在又光又硬的地板上。我们好几个人睡不着，就自作主张把书橱里的书籍资料拿出来铺在地上，垫着睡觉。后来被上级发现，还受到了严厉批评，我们赶紧把资料整理好放回去。

1949 年 5 月 27 日上海解放。此时部队已经在市区里站了好几天岗，老百姓看到站岗的上兵小声议论，指指点点，后来才知道他们是在看解放军穿的衣裳和鞋子，感觉非常新奇。当时还有战士反映，被老百姓那样盯着看，挺不好意思的。

在宋公馆住了一段时间之后，我们又搬到了虹口海军大楼，之后又搬到嘉定城北住了一两年。那时上海市区发生了"二六轰炸"，我们没有飞机截击，只好用机关枪打飞机，后来听说在思南路附近落下一颗炸弹，炸伤许多人。

上海每年四五月份就开始细雨绵绵，空气也变得潮湿起来。刚开始我们都不适应上海的气候环境，而且那时候部队吃的东西除了粗米饭以外，从早到晚就是咸菜蚕豆做的菜，因为缺乏营养，结果我就生了肺病。生病初期我不太注意休养，结果病越来越重，不得不去医院接受治疗。50年代初，三野二十军被派到朝鲜去参加抗美援朝战争，给我治疗的医疗单位也要搬到山东去。去山东途中，非常巧的是，我和三野二十军同乘一列车！我们同行了一路，最后在济南分开。更巧的是，回上海的时候，我和他们又乘坐同一列火车！那时候这些战友们已经从朝鲜战场回国，他们告诉我，在朝鲜的战争非常惨烈，牺牲了很多战士。

由于此次得病，我的军人生涯基本上就结束了。在山东济南疗养一段时间后，我返回上海，在华东局统战部工作。那时统战部部长是吴克坚，我在那儿负责收发电报。一年之后又被分配到物资局人事科做审干工作。物资局里虽然有些南方人，但基本上以北方人为主，所以平时大家交流时即使发音上都带着各自的方言，但互相之间也没什么隔阂。到了1952年，我作为外调干部从人事科调到苏北。

在苏北工作的那段时间，有件事令我印象深刻。一是当时苏北的粮食很紧缺，我去的那个县抓得很紧，要求一个人每餐不要超过二两粮食，超过的话即使给粮票也不行。我去了以后，炊事员跑去问乡长，上海来的人是否可以多吃一点，结果乡长不同意。当时粮食缺乏，只能吃稀饭；只是越是吃稀饭越是肚子饿；越是肚子饿越是吃得多，但稀饭又是吃不饱人的。当时新中国刚成立，生产力还不发达，各种物资十分紧缺。

在物资局工作几年后，上海市因为要充实基层，我又被分配到卢湾区的中铅二厂做支部书记。当时工人都响应号召，积极性很高，要完成每个月8万根铅笔的任务量。其实每个月的生产数量也是有限度的，多生产的结果一是材料供应不上，二是销路也打不开。但当时考虑得不太全面，为了求数量反而忽略了产品质量。

到后来，工厂不光生产铅笔，还要炼钢、炼铁、炼焦。工人们也响应号召，主动要求超额完成任务，原本每个人每天工作8小时，后来工作时长要翻倍，还要抽出一些人手去炼钢铁、炼煤焦。我记得有一次拉来一大堆煤，工人们把煤堆在场地上，就开始点火烧，然后再用自来水把火浇灭，最后做出来的东西就当作焦炭，实际上这些所谓的焦炭质量是达不到标准要求的。炼钢铁那阵，包括小学生的热情也很高，他们把家里的铁门、铁窗、铁锅等铁制品都拿出来炼钢，但炼出来的钢块什么用处都没有，现在想来是很大的浪费。

这之后，我又被调到卢湾区的武装部，负责民兵训练和野营拉练。那时候所有的工厂和学校都响应号召进行拉练，有的学校组团训练，我就给他们配备干部，给他们设定要求。后来因为卢湾区蒙自路一带地势比较低，容易发洪涝灾害，卢湾区政府为了改善居民的生活状况，就让我们与城建部门联合起来成立指挥部，建设防汛工程。这个工程的主要工作是在地下埋入直径为90厘米和120厘米的管道，城建部门负责出技术人员和物资，我们组织丽园街道的家庭妇女出劳动力，为此我还专门去学习了城市工程方面的相关知识。后来做绿化管理工作时，我又去学习了绿化方面的专业知识。1962年我被调到淮海中路街道工作。

淮海中路街道的工作，我印象最深的就是动员青年"上山下乡"，以及安排青年去各个工商业部门做学徒。动员青年"上山下乡"，在市里和区里都是一项很重要的工作，更是街道的主要工作。安排青年们到各个工厂、企业、学校当学徒，也是要解决他们的就业问题，促进工商业发展。过去我们没做过长远打算，现在想来各个单位可以先组织青年培训，经过岗位培训，以后安排人员就比较方便。但是那时候街道只是一个输送单位，只管往各处输送人，也没有其他办法。

当时安排青年就业是市政府一项头等重要的工作，于是街道的重心工作也就变成了安排青年组织生产组。那时候生产组以里弄为单位，一个街道有十几个生产组，不同工作组之间差别很大。没有工作的青年基本都被安排到生产组里工作，那时候在工作组的收入比较低，一个月大概十五六元钱，但可以解决吃饭问题。工作组里有的人织毛衣，有的人修改工厂的次品布匹；有的人开个商店给老百姓配玻璃；有的人搞照相、修照相机。各个街道也都有所不同，有的做零售商店，还有的做菜市场。总之，能有什么业务就给青年们安排什么工作。当时淮海中路街道还组织了一个大的工作组叫"春雷"，主要负责给单位加工电气设备、处理废旧电线等等。这些工作组基本上还是依靠工厂的下脚料做些事情，所以如果没有工业的支持这些是搞不起来的。

活到老学到老

我本人在上海的这段时间是比较保守的，没有学习上海话。但离休后也跟随潮流，参加了老干部局的活动，和其他人一起参加服装表演、舞蹈队，有时候也打打太极拳。

尽管在机关工作与在部队有所不同，但我还是积极学习，什么事情都要懂一点、会一点。我平时也注意看看书，学习新知识，这样的习惯一直保留到现在。我离休以后依然关注国家发展，关心时政，每天下午看报纸，一份《人民日报》、一份《文汇报》。

我是个很平凡的人，没有什么值得特别讲述的，在战争期间也不过是跟着大部队到处跑。但我想，所谓红色基因的流传，就是在如今上海人民身上所保存的革命光荣传统。上海过去是一个消费性城市，后来又转变成生产性城市，现在提倡科学，力求建成一个科创型城市。而在文化上，上海也一直是超前的，变化非常快。在上海什么都要懂一点、会一点，这要求我们主动去跟着学，积极发挥主观能动性，才能把事情做得更好。

（采访及整理：沈雷）

一名老党员的红色记忆

讲述人：成纪昌
时间：2018年1月21日
地点：上海市商城路1177弄19号成纪昌家中

成纪昌，1929年出生于浙江宁波。抗日战争全面爆发后，于1941年到上海谋生，在红色据点万康宏酱园做学徒并加入了党的外围组织。1949年加入中国共产党。后历任中共上海市老闸区委组织员、宣传部职工教育科副科长、东昌区委工商科科长、黄浦区行政管理局南京东路工商所所长等。1989年离休。

我的入党经历

我祖籍浙江省宁波，小时候家里特别贫穷，仅读到小学三年级就辍学了。父亲是裁缝，工作不稳定，收入微薄，母亲在大户人家做佣人。我迫于生计来到上海找工作，1943 年成为万康宏酱园店的学徒。万康宏酱园店有共产党的地下组织，这为我提供了走近党的机会。新中国成立 60 周年时候，上海新闻综合频道曾拍摄了一部名叫《永恒的记忆》的纪录片，其中第 5 期就有一段关于我入党经历的专题采访。

回顾起过去几十年的事，至今我仍记忆犹新！1937 年抗日战争全面爆发，日本侵略者的铁蹄彻底打破了家乡的平静。时局动荡，为谋生路，我于 1941 年来到上海，在嫂子的介绍下进入纺织厂工作，该纺织厂是日本人开设的。后来日本人修建了一个高尔夫球场，需要有人拾球，我又成了拾球的球童。我一旦拾得不好，就会遭到日本人的打骂。俗话说得好，穷人的孩子早当家，小时候的亲身经历不仅在我心中留下深刻的烙印，也让我对革命与战争有了一定认识。

1943 年我通过亲戚的介绍来到万康宏酱园店做学徒，三年学徒结束后，成了营业员。刚开始我还不了解共产党，后来在万康宏酱园肥沃的红色土壤中，我积极参加地下党组织创办的图书馆和进修班。这不仅使我的思想得到进步，也让我更进一步认识了党、接近了党。

这段经历彻底改变了我的人生轨迹。通过党的启蒙教育，我开始积极组织培养地下党的群众力量，正式投身到革命的洪流中。

酱业职工奔赴解放区的故事

作为酱园业的一名共产党员，我身边也接触到许多酱业职工，而他们的故事也激励着我为共产主义奋斗。上海的解放中有他们的故事，党的事业中也少不了他们的故事！

沈银康和俞翔之两位同志的革命经历值得我好好介绍下。1947年由于资本家拆股，沈银康同志分得一点红利，但同时也失业了。在失业的情况下，他投入大量的时间奔走于进修会的老朋友之间，又积极活动于各酱酒店的新朋友之间。他与王乾德、吴才德、严大可等同志以行业职工的名义，前往在反动派"飞行堡垒"①严密包围下的安乐殡仪馆，参加梁仁达烈士追悼会，送去了表达酱业职工爱国反蒋心情的挽联。

沈银康同志是筹建益友社酱业干事会的主要人员之一，后被推选为酱业干事会的总干事。他还广泛联系和发展益友社新社员，组织外滩公园纳凉晚会、浦东郊游和聚餐等活动，建立了上海其他区的益友社酱业干事分会。白色恐怖下的地下工作需要有职业作掩护，失业只

---

① "飞行堡垒"是指国民党上海市警察局的特种镇暴队，其执行警务所使用的装甲防弹车也称"飞行堡垒"，主要用于镇压城市暴动以及逮捕进步人士。

能是暂时的。为此王乾德同志就介绍沈银康去西康路的公大酱酒店任经理。后来沈银康为了便于进行革命活动，把分得的红利和积蓄与其哥哥合伙在鸿兴路开设了裕康酱酒店。他一面经营以维持生活，一面以此作为掩护。不久，他认为酱业的职工运动经过一年的发展已走上了正常轨道，他可以离开了，这时如果酱业中有人去解放区，那么对行业职工而言也是一种精神上的鼓舞。沈银康同志在1948年7月向党支部提出去解放区的请求，得到了上级同意。他怀着加快革命胜利的到来和早日打倒反动派的决心，毅然辞去工作，离开在上海的母亲和未婚妻，前往苏北解放区。

同时，沈银康同志还动员了万泰兴酱酒店的进步青年俞翔之同志一起去解放区。俞翔之在店里是最熟悉业务、最能干活的职工。老板不同意他辞职，怕被别的酱酒店挖去。俞翔之幼年丧父，母亲在上海帮佣，只有他和母亲两人相依为命。俞翔之同志受党的启发和鼓励，早在1946年就去酱业夜校学习，参加了酱业职工的集体活动。经过不断学习，俞翔之逐步从狭小的生活圈子中开阔了视野，提高了思想觉悟，于1948年秋申请加入中国共产党。他在担任益友社酱业北站区分会的干事时，积极地与北站区五六家酱酒店的青年店员开展交友活动，把自己订阅的《时代日报》和《展望》等进步报刊，送给这些青年店员传阅学习，并与他们谈论时事形势，介绍他们去参加益友社活动。同时他自己的思想上也起了变化：他觉得要彻底推翻反动统治的最有效的办法，还得用"以血还血"，直接参加解放战争。因此俞翔之同志坚决辞去店里的职务，离开了唯一的亲人，和沈银康同志去解放区。

　　1948 年 10 月，即在俞翔之同志离沪前不久，他的入党申请被批准了。之后俞翔之和沈银康便在 10 月中旬的一个夜晚，跟着一位交通员从上海北站乘火车取道镇江、六圩，绕过扬州城，经过送驾桥，最后到达江都县的某个交通站。他们顾不得脚底的血泡，一口气走了十多个小时，以避开敌人军警的关卡哨所。交通站是个简陋的草棚，里面没有热水，升火又怕会引起周围的注意，只好吃冷的苞米饭，菜是比盐还咸的胡萝卜干。尽管如此，因为肚子已经饿得发慌，大家还是吃得很香，吃完就和衣睡着了。第二天一清早，出发前交通员告诫说，虽然脚底有血泡，走起路来，仍要显得若无其事的样子，不能让人看出来。这一天他们又连续走了十多个小时，晚上到达淮南游击区。又经过一天半的长途急行，夜渡高邮湖，终于进入了解放区高宝县的大和庄，向以汪秋涛同志为首的临时集中点报到。

　　然后还要从大和庄去华中党校所在地射阳县合德镇，此行经过敌人的运河封锁线，需要武装护送，故在大和庄耽搁了一段时间。在此期间，他们还帮助老百姓下田干活，并且练习夜行军。离开大和庄前每人发了一套黑色棉衣。最后，他们于 11 月 7 日下午到达合德镇华中党校。

　　一进入解放区，他俩人就向往着能拿起枪上前线，跟部队解放全中国。谁知到了党校，组织上宣布，俞翔之和其他同志先要留在党校学习有关党的文件，沈银康则分配去做交通工作。两人想到自己是党员，就自觉服从组织决定。1948 年秋，中共华东局城工部决定，为了迎接全国解放，需要准备一大批城市工作干部。

同时由于上海地下党许多同志在与国民党斗争中暴露了身份，需要撤退到解放区，原有的交通站要扩大，交通员要增加。靖江交通站认为沈银康以前在酱园店工作，有社会经验，且比较活络，基本具备交通员的条件，就征询他担任交通员的意见。他二话没说，就表示服从组织分配。从1948年11月到1949年5月交通站撤销为止，沈银康一直在靖江分站担任交通员，负责把从上海撤退的同志带到苏北解放区。他接受这项任务后，在第一次执行任务中就遇到了困难。

1948年11月，沈银康同志从上海北站带领五个同志乘火车离开上海。这五个同志中有个叫李学源的，另一个是万康玖酱园的肖景祥。肖景祥于1946年入党，早有去革命根据地的愿望。自从沈银康去解放区后，他也向党支部提出了这一要求。尽管他在店中有较高的工资收入，但他也愿意放弃这些到物质生活十分艰苦的解放区。他们六人先乘火车去无锡，再乘汽车去江阴。不料，原定走高港去靖江的路线已经不通，只得临时改从江阴摆渡去靖江。他们在途中行走时，沈银康走在前头，其他五人一个接着一个跟着走，相互之间隔开一段距离，并确定发生危急情况的暗号。想不到在路上遇到一座国民党保安队架着机枪的土围子拦路。此时沈银康发出暗号，示意后面的人不要跟进。土围子里的保安队员拦住沈银康和李学源，认为他们不是"好人"，并把他们俩带进土围子。跟在后面的肖景祥和另外三个青年看到沈银康的暗示，知道出了事，只得按照原先约定的办法，各自返回上海。由于肖景祥在离沪前是向店方请事假回乡的，故回店后照常上班工作。党支部根据革命形势的发展，决定肖景祥继续在上海从事党的地下工作，不再去解放区。

在土围子里，沈银康沉着地回答保安队的盘问，说自己是酱园店的"跑街"；李学源自称在上海做临时工，因失业回苏北老家。保安队在他们身上没搜到可疑之物，沈银康灵机一动抓住时机把手上戴的一只手表送给了保安队的头目，把一支钢笔送给了一名保安队员，于是保安队对他们的态度"客气"了些。他们被关了一夜后释放，各自返回上海。

事后，组织上经过调查分析，认为这次出事主要是沈银康经验不足和路线不熟的缘故；但沈银康能及时机敏地应付，除个人损失一只手表和钢笔外，组织上没有受到损失；同时另派交通员把他从上海带回交通站。沈银康同志在组织的帮助下，总结了经验教训，不畏艰险，继续担任交通工作，先后数次完成从上海带领同志到解放区的任务。

随着解放战争的胜利，解放区不断扩大，党校也不断流动。俞翔之同志随着党校不停换地方，从射阳县的合德镇、淮安县的河下镇、淮阴县县城、高邮县县城到扬州市市区，1949 年 4 月 22 日再从扬州渡江到镇江丹阳。在党校每人发一条两斤重的被子，一只小铁碗，兼作茶杯和饭碗之用，十来个人一个小组发共用面盆一只，全年不论早晚，洗脸都是用冷水。每餐吃的菜多数是水煮青菜，每月改善一次生活时才可能吃到大肉。俞翔之同志说，他在店里看够了老板和老板娘的嘴脸，在党校里感受到的却是同志间的温暖友爱。一个同志身体有病，大家就从自己微薄的津贴里凑钱买鸡蛋给病号增加营养，行军时给病号背背包，挽着病号一起走。有了缺点，同志间开展批评和自我批评，始终是和风细雨、与人为善，使人倍感亲切。

1949 年 5 月上海解放，沈银康、俞翔之两位同志跟着解放军，穿着军装，以军管会工作人员的身份接管敌产。他俩受到了酱业职工的热烈欢迎，并以特邀代表的身份参加了酱业工会筹务会成立和酱业工会成立的大会。

防护团和上海解放

随着解放战争进入尾期，国民党困兽犹斗，上海作为全国经济中心时局日益紧张，白色恐怖终日笼罩上海。1948—1949 年这段时间国民党反动派天天抓人、捕人，不断杀害共产党员、爱国进步人士。李白、秦鸿钧、张困斋等 12 名烈士在 1948 年 12 月 29 日被捕，1949 年 5 月 7 日被杀害；上海电力公司王孝和等 13 人 1948 年 4 月 21 日被捕，1948 年 9 月 30 日被杀……

我就是在这样的环境下，加入了中国共产党，并且做好了"革命不怕死，怕死不革命"的准备。夏明翰同志讲得好："砍头不要紧，只要主义真，杀了夏明翰，还有后来人。"这对我参加革命、加入党有很大的鼓舞和教育，使我更加坚定自己的理想和信念。国民党反动派天天抓人杀人，我早就在思想上做好了一不怕苦、二不怕死的准备。国民党迫害共产党，许多地下党员都牺牲了，但越是这样越坚定了我的信念。

解放军进行了辽沈、平津、淮海三大战役并取得胜利。1949 年 1

月毛主席发表新年贺词《将革命进行到底》，上海地下党遵照毛主席号召，发扬上海工人阶级的光荣传统，准备武装起义，配合解放军解放上海。我们支部同志接到这一指示非常高兴，长期的隐蔽斗争让大家忍气吞声，现在终于可以拿起武器与敌人面对面打一仗。酱园隐蔽地方多，前店后作坊，缸、坛、桶都可以存放枪支弹药，所以我们就选择了万康宏、万大、张振新三个单位进行此项工作。

后来因形势发生了变化，中共中央在 1949 年 1 月 31 日发出了指示：由于人民解放军强大，占有绝对优势，上海解放指日可待，不需要采取城市工人武装起义；上海地下党的主要工作是发动群众，反对国民党破坏；保护工厂、机关、学校；配合解放军接管城市，维护社会秩序，迅速恢复生产。因此我们的工作就转移到教育群众、组织群众、建立防护团（后改为人民保安队）上。

在解放上海的过程中，防护团做了很好的配合工作。我们利用工会阵地，来组织防护团。酱业工会这块阵地虽然几经周折，但它的领导权一直在我们手里。组织防护团是通过工会的中间分子，利用工会讨论"应变费"的时候提出来的。工会监事会议作出决议，向同业公会建议举行谈判，以便共同组织防护团。在与同业公会谈判中，除了对每个职工发给一定的应变费，主要是要求同业公会赞同与工会一起行动，号召各店组织防护团。由于事先在资本家上层人物中做了工作，后经过讨论顺利地取得了一致意见。

在得到同业公会赞同以后，依靠骨干力量，积极组织群众参加防护团。这时酱业党支部已有 24 名党员，党的外围组织"职协"已有 70 多个会员，加上进修会干事等共有 100 多个积极分子。支部通过这 100 多人，分块包干，并尽可能利用熟人关系，进行宣传发动和组织工作。比如山西北路万丰油酱店资方吴解眉，他是酱酒业同业公会北站区主任，一向善于交际，在北站区颇有声望。该店职工汤文信原是万大酱园学徒，与我认识的一个地下党员是师兄弟关系。吴解眉在筹组本区同业公会时，汤文信曾协助做过具体工作和通讯工作，对本区劳资双方的情况都熟悉。负责北区的同志就专门拜访了汤文信，请他协助组织防护团。由于熟人关系，又有一致协议为依据，他欣然接受。在他的陪同下，访问了 40 多家酱酒店，就有近 200 名职工参加了防护团。通过分区包干活动，共组织了 2 000 多人加入防护团，由王乾德任总指挥。为了使工作做得更细致扎实，2 000 多名防护团团员分成东、南、西、北、中、西南六块。我那个时候是中区的负责人之一。

从 1949 年 3 月发起到同年 5 月，在短短两个月的时间里，一个具有相当群众基础的"酱业防护团"就这样组织起来了。在党支部领导下，积极开展活动。根据上级的指示，我们组织防护团的具体任务是：（1）护线护店，防止敌人的破坏和抢劫；（2）团结各阶层人士，劳资共同应变，保障职工生活；（3）宣传党的政策，提高人民群众对解放军的认识；（4）调查反动军、警、政、宪、敌特机构分布情况，绘制简明地形图，供解放军使用；（5）配合解放军解放上海，维护社会治安；（6）关心同志安全，防止敌人突然袭击，以防不测。这些任务由各区负责人掌握执行。

经过党员和积极分子的艰苦工作，大部分酱园都发了应变费，一般每人发 35 银元。同时，各店还储备了一些粮食、煤球、咸菜，以便在敌人困守上海时能够保障职工生活。与此同时，我们还要求党员和骨干分子将每人住地附近地段的情况摸清楚，绘制国民党军的分布情况地形图。这些地图都上交地下党的领导，转交有关部门参考。

在上海即将解放时，国民党反动派垂死挣扎，疯狂地屠杀地下党员和进步人士。因此，保护同志安全是一项紧迫而又艰巨的任务。酱业党支部印发了大量宣传品，党小组的活动也很频繁，每周要碰头二三次。为避免被敌人注意，党组织通知几个主要同志尽量少留在店里，晚上也不要留在店里，上海有家的同志，也不要回家去住。因此，好几个同志晚上都留宿在外。

此外，酱业党支部需要掩护已经被敌人注意的同志，这个任务交给了当时担任支部书记的王乾德同志。根据上级要求，需要开设商店做掩护，王乾德同志就设法开了一个不引人注目的烟纸店，此店后来成为支部一些同志开会的地点。

酱业防护团后来统一改称"人民保安队"。它在配合上海解放过程中发挥了积极作用。1949 年 5 月 12 日上海战役打响，5 月 27 日全市解放。人民保安队帮助维持秩序，挨家挨户到商店动员宣传开门营业。

1949 年 5 月 25 日，苏州河以南市区先获得解放。苏州河南面的一些党员同志，很快到汕头路万康隆酱园集中待命，来的人越来越多，又转到浙江路东新桥万顺酱园待命。经与上级取得联系后，指定我们到南洋桥至浙江东路新桥一带维持交通。这一带解放没有几个小时，出来看热闹的人很多，马路上人头攒动，十字路口还没有红绿灯，交通秩序很乱。在人民保安队员的努力下，找到了几个交通警察，协助维持交通秩序。起初，他们不肯打开红绿灯，经过教育后才站到岗位上，打开了红绿灯，使这一带的交通秩序很快恢复正常。

当时我们还考虑到酱业与人民密切相关，在交通秩序恢复正常以后，立即抽调一部分力量，到酱园和酱酒店以及其他各业商店挨家挨户去宣传动员，要求商店迅速开门营业，基本上做到当天解放，当天营业。这对保障供应、稳定市场、安定人心起到了积极作用。

另外，我们在配合人民解放军清除残匪方面也起了一定作用。例如肖景祥带领几个保安队员在新昌路上值勤时，发现一辆军车驶来停在弄口，走下几十个士兵往弄内走去，弄口留下两个哨兵守卫，士兵的袖章写着"中国人民解放军江南挺进纵队"字样。肖景祥觉得这个番号不对，就和几个队员商量，一面派两名队员监视着，一面打电话向上级机关报告情况。经领导指示，就近请中国人民解放军查实。肖景祥等人立即赶到黄河路的一个小学内，找到驻在该校的解放军。部队首长得知我们是人民保安队的，热情地接待了我们，并派一位连长率几十名战士随同前往。肖景祥同志带路迅速赶到现场，核查发现原来这是一批从浦东郊区窜到市区准备抢劫捣乱的土匪，解放军就把这批人缴了枪，押上了军车。人民保安队不仅配合解放军解放上海，护厂、护栈、护店，迅速恢复市场供应、保障人民生活，而且对培养和训练干部、壮大党的队伍，为解放后的上海建设输送干部都有一定作用。

我在酱园工作时还参加了党的外围组织——益友社。党的外围组

《益友社十二年》封面　　　　成纪昌参与编写的《上海酱业职工运动史料》封面

织是一个进步组织，会组织来自各个行业的进步青年，参加益友社的活动，有读书会、体育运动、唱歌、慈善等等。活动都是在晚上进行的。与正式党员不同，我们加入益友社时没有宣誓。我在1947年参加了益友社，1949年20岁时就正式加入共产党，成为一名无产阶级战士。为此我感到非常的自豪和高兴。

我正式参加革命工作是从1948年开始，1950年共产党员的身份才真正公开。1953年调到中共老闸区委任组织员、第十街道党支部书记、酒菜业党支部书记、宣传部职工教育科副科长等等。工作调动的原因主要是组织的需要，我作为党员有责任听从党的指挥，哪里需要就去哪里。后来，我又被调到上海市东昌区人民委员会任工业科科长、工商科科长。

1979 年我调入上海市黄浦区工商行政管理局任南京东路工商所所长，黄浦区消费者协会副会长兼秘书长。因为紧紧跟着党走，我才有了今天美好的生活，所以我时常告诉后辈要不忘党恩，要多多了解党的历史。

老当益壮不断"充电"学习

我在新中国成立之前参加了革命，入了党，现在是离休老党员，可以说入党改变了我的一生。如果说没有共产党就没有新中国，那么没有共产党也没有我幸福的今天。从过去穷苦吃不起饭到今天一家人和和美美，这些都离不开党的领导。我一直在党内机关工作，离休后还在担任离休党支部书记，也在渔阳里历史文化研究会担任顾问。我虽然老了，还有心脏病，但只要有一口气，思想绝对不能变，理想不能忘，信仰不能丢。我要坚持为党工作，不忘初心，继续前进，有一分热，发一分光。

自参加革命以来，我就始终抱着生命不息奋斗不止的情怀，为共产主义奋斗终生的信念，发挥着小小螺丝钉的作用。1989 年退休后也在继续"充电"学习。在离休支部工作上，我经常与同志们谈心交流，关心同志，谁生病了就去看望慰问。我也主动加入社区工作，组织成立读报组，为患病住院的同志发动社区募捐，带头捐款捐物。我自己作为一名干部，还积极参加老干部大学学习，撰写了《两个"务必"是我的传家宝》《回忆迎接上海解放的日子》等文章。这些都使

成纪昌为纪念上海解放六十周年所写的文章

我的退休生活更加充实。

　　我的经历见证着党的成长，所以十分支持保存、记录历史。目前我有幸参与党史研究工作，在渔阳里历史文化研究会任顾问。我很小就来到上海，也见证了她的历史变迁。新上海和过去的上海大不相同。我刚到上海时最深的印象是鱼龙混杂，大多数人特别穷，少数人又特别富，贫富分化很大。上海外滩的房屋很漂亮，但是也有很多棚户区。我从宁波来上海时还没有火车，只能坐轮船，而现在可以乘高铁和飞机。居民的生活水平普遍好起来，城市的硬件设施也日新月异。特别是改革开放之后，大量人口涌入上海，上海是个海纳百川的城市，这里的城市建设也少不了外来人员的贡献。

我虽然离休了，但一直关心着国家大事、身边小事。现在没有了战争烟火，也不存在缺衣少食，但和平年代也要有和平时期的奋斗方式。所以我建议年轻人要"懂得历史，了解历史"，多接触、调查。我把许多历史资料交给相关机构，用来对下一代的教育，希望后生们都能了解自己国家的历史，以自己的文化为傲！

（采访及整理：覃鑫）

医与艺——我的峥嵘岁月

讲述人：傅红渠
时间：2018 年 1 月 28 日
地点：上海市徐汇区中心医院

傅红渠，1933 年出生于无锡，父母均为早期共产党人。1945 年参军，于苏中军区第一后方医院从事医务工作。50 年代考取人民艺术剧院的演员培养学馆，后调到上海市文化局工作。1977 年任职于上海市文学艺术界联合会，直到退休。

我的革命家庭

我的家庭对我的一生都有影响。我的父亲叫陈枕白，母亲叫傅一星，父母在1925年就加入了中国共产党，投身到轰轰烈烈的革命之中。

我老家在无锡市梅村镇，爷爷在镇上开了一家小油坊，做一点豆油、花生油的买卖，一家人生活得还不错。我的父亲有四位姐姐，三个出嫁了，还有一个没出嫁就病故，三个姐夫家里条件都挺好。但是天有不测风云，爷爷在我父亲七八岁的时候去世了，之前比较殷实的家庭随即受到影响。自那以后，靠我奶奶养蚕来维持这个家，虽然忙里忙外很辛苦，但日子过得也还可以。我的父母都是很早就加入了中国共产党，与党的早期领袖有着密切的工作联系，他们的经历对我后来的成长有着重要影响。

父亲起初在镇上读书，后来到一家粮店做学徒。这家粮店的少东家是一名共产党员。他看我父亲是一位勤劳能干的人，也挺厚道，就把父亲介绍到苏州一所学校读书。在学校读书期间，父亲了解到了马克思主义，接触到一批学习和宣传马克思主义的进步青年，他们的一些人已经加入共产党。毕业后父亲又经人介绍来到上海大学，在大学里一边打工一边学习。父亲是一个很老实、内向但是很勤奋、努力的人，后来被上级领导看中留在校长办公室工作。这个时候我父亲更深入地接触到马克思主义，与其他几位热血青年参加了中国社会主义青年团，做党的宣传和动员工作。

父亲陈枕白（摄于新中国成立　　母亲傅一星（摄于20世纪30
初期）　　　　　　　　　　　　年代）

我母亲的情况有些不同。母亲是苏州人，我的外公曾任过清朝的府台，在这样一个家庭中女孩子是可以读书的。母亲有一个哥哥，很早就到美国去留学，后来在美国一所大学做教授。而我的母亲则留在国内，一开始在苏州读书，中国共产党刚成立不久，她就前往上海平民女校读书。上海平民女校是在1922年由中国共产党人陈独秀、李达等发起筹办，是共产党创办的一所妇女工读学校，也是第一所培养共产党妇女干部的学校。这个学校的学生并不多，丁玲、王会悟、钱希均都在这所学校学习过。

母亲在共产党创办的女校求学，顺理成章地接触、学习了马克思主义，后来较早地加入中国共产党。母亲还曾做过中国共产党的主要创始人——陈独秀先生的秘书。

20世纪20年代学生运动风起云涌，我的父亲和母亲就在那个时候认识了。"四一二"反革命政变前后，上海共产党人的处境非常恶劣。国民党大肆搜捕共产党员，到处抓人、杀人，实行"宁可错杀一千，不可放过一个"的政策。我父亲两次被国民党逮捕入狱，后被关入苏州监狱，是我的祖母交钱把他赎出来的。这时候，有些同志劝我母亲成个家，这样一方面可以掩护身份，一方面开展活动的时候方便一些，于是就给她介绍了同样是党员的我的父亲，两人结成革命伴侣。

"四一二"之后有的人撤离上海，比如钱希均就去了苏区，后来又参加了二万五千里长征；有的转到地下工作。从这时开始一直到抗日战争全面爆发的初期，我父母一直在上海、无锡一带活动，在地下做党的工作。父母公开的身份是教师，父亲是无锡市梅村镇中学的校长，母亲是梅村小学的校长，这个身份是公开的，用来掩护他们做革命工作。

抗日战争全面爆发后，局势比较混乱，生活条件也艰苦，我舅舅得知这样的情况，就从美国寄来两三百块银元，希望我父母带着孩子迁到美国去。父母觉得祖国需要他们，迁居美国是当逃兵，于是就把钱给退了回去，依然坚持在中国做抗战工作。当时有条件的人家都到国外避难，父母在有机会出国的情况下，仍然坚持留在国内，真的是令人敬佩。

抗战进入到1940年前后，日军开始清乡扫荡，实行杀光、烧光、抢光的"三光政策"。所以40年代初共产党的损失很大，牺牲了不少同志。组织上为了保护有生力量，决定将他们撤退到苏中、苏北。父母是老党员、老干部，自然也就一起撤退了。当时共产党在苏中设置有行政公署，相当于现在的江苏省政府，父母都在公署的教育处工作。

在我的父母撤退的时候祖母已经去世，如果把我和两个哥哥放在别人家抚养，必然会给人家增添不少的麻烦，父母就把我们兄妹一起带到苏北。那个时候，两个哥哥都已十几岁，我也将近10岁，可以简单地照顾自己。因为父母的教师身份，我很小就在梅村镇的学校里学习，到苏北以后与我二哥一起转到盐垦中学学习。大哥当时在苏中公学[①]学生队学习。两个哥哥都比较早就参军入伍了，大哥曾做过第一期中央团校的班主任，我大嫂叫范瑞娟，是著名的越剧演员；二哥是随军记者，在抗日大学的学生队学习过。

苏中行政公署的管文蔚主任的爱人的妹妹叫张惠，只比我大一岁，是公署门诊室的医生。说是当医生，实际上就是做一些简单的护理工作，比如滴滴眼药水、擦擦红药水。我和她是小伙伴，整天一起玩耍。1945年，张惠准备去参军，到苏中军区第一期卫校学习，那是一所培养军队医务人员的学校。看到她要去参军，我也想去。虽然我那个时候还很小，但是父母觉得两个孩子在一起能做个伴相互照顾，就同意我去了。他们在张惠的介绍信上添上了我的名字。说来有点可笑，那时候物资紧缺，没有纸张来写正规的介绍信，只能写在烟盒纸上。

---

① 苏中公学是中国共产党领导的苏中抗日根据地培养各类建国专门人才的干部学校，前身是抗大九分校，1944年6月在江苏宝应县成立，首任校长粟裕，副校长管文蔚。

小 小 医 务 兵

　　我本名叫陈珊，去参军的时候，父母决定给我换个名字。父母是知识分子，读的书比较多，起名字还花了番心思。有一部小说叫《镜花缘》，这部小说里面有个女儿国，其中有位巾帼英雄叫骆红渠。父母希望我在部队里当英雄，不能落后，于是就仿照骆红渠的名字，并跟了我母亲的姓，叫傅红渠。

　　1945年1月3日，我们被送到苏中军区卫校。那时候是冬天，天气比较寒冷，我和张惠穿着棉袍，背着小背包。到了部队，其他人都穿着军装，我们也希望能有一身神气的军装，吵闹着也要一套。后来学校就给我们发了一套军装，军装有大、中、小三种型号，只是小号的军装对我们来说还是很宽松，不过有皮带，扎上就会好一些。

　　在苏中军区卫校学习的时间非常短，只有6个月，现在想起来有点难以置信。因为是战争环境，时间比较紧迫，第一期83名学生就毕业了。当然，现在的学校不会让学生学习这么短的时间就毕业，尤其学医学的，正规医学院要读5年到7年。

　　毕业以后我和张惠被分配到江苏省印钞厂门诊室工作。门诊室的规模比较小，加上所长，一共只有3个人。工作没多长时间，张惠被调到苏中军区第一后方医院，我也申请去，组织上就安排我跟她一起去了。张惠被分到二队，我被分到一队。二队是外科，因为战争频繁，伤病员多，平常会比较忙。我们内科这边也不轻松，打摆子、发热的病人也不少。当时的大多数军人都是年轻人，但是在那种艰苦的条件下生病的人也有很多。刚开始，我们在那里做见习医务员，就是实习医生。虽然是医生，但实际上很多护士的工作也做，比如查病房、问病情这些是医生该做的，发药、打针也是医生做的。卫生员的工作就不同了，他们跟在后面做助手。

我刚做这项工作的时候胆子很小，毕竟那时年纪也还小。有一次去给伤员换药，当我端着装有药品、纱布的托盘来到伤员身旁，揭开包在伤口的纱布时，鲜血一下就涌了出来，我被鲜血染红的伤口和浓浓的血腥味震住了。伤口创面实在太大了，战士腿上的皮和肉已经绽开，露出鲜红的肉和包着半边的骨头，血和脓满伤口都是。整个大腿已经肿得穿不进裤子，只能在裤腿上撕开一条长缝，用来治疗、换药。

我学着大人的样子，尽力控制自己，告诫自己不要哭，最终还是无济于事。先是低声抽泣，最后竟放声大哭起来。我怕弄痛伤员，不忍心下手再去揭开剩下的半边纱布，看着鲜血不停地涌出伤口，我哭得越来越伤心。那个战士却像大哥哥一样，和蔼地说："我都不害怕，你就更不要害怕了。"听到他的话我振作了一些，开始稳住心境，大胆快速地揭开那半边纱布，清洗脓血，然后上药、包扎。所有的动作都尽可能地小心，生怕弄痛伤员。换完药出来，我满脑子还是刚才换药的情景，那位伤员真是位坚强的战士。

1945 年 8 月 15 日日本宣布无条件投降，抗日战争胜利了。但是1946 年蒋介石撕毁《双十协定》，发动全面内战。解放战争刚开始，很多地方被国民党陆续占领，苏北那一带本来是老根据地，也都被占领了。根据地的部队被迫向北撤退。我们撤退途经苏北的许多地方，以及山东的郯城、孟良崮、济南、豫东，一路走一路打，打过不少战役。

当时国民党军队的武器比我们精良，都是美式装备，而且天上还有飞机的支援，所以我们撤退的路走得很艰难。一次清晨，天蒙蒙亮的时候，我们正在转移，敌机盘旋在上空，后来便俯冲下来。我听到异常的声响，抬头一看，一颗炸弹投了下来。当时我整个人都呆住了，一时手足无措，只是站在原地，没有一点反应。就在这万分危急的时刻，一双手将我一把抱住，然后我被扑倒在地，一个人的身体牢牢地护住了我。然后就是巨大的爆炸声。炸弹在距离我们十几米的地方爆炸。一阵气浪吹过，夹着尘土和硝烟，我们几乎被尘土埋没。过后，我们从尘土中爬起，抖落泥土。这时我才看清，掩护我的是队长邵敏。他关切地问我伤到没有，我摇着头说没事，没有受伤。我当时感动极了！危急时刻，队长用自己的身体掩护了我。

还有一次，我们撤退到山东的时候，我们部队吹号兵的手在一次行动中被敌人的炸弹炸伤。他是一个很年轻的小伙子，只有十六七岁。医生只能在行军途中驻扎的时候给他做一个简单的手术，把炸断的手指头截肢，然后再缝合起来。当时我虽然没有在手术现场，但是我认识这个小号兵，跟他感情很好。后来听到了他的遭遇，我伤心不已，泪水忍不住地往下流，第二天我的眼睛都是肿的。那时候革命队伍里的战友之情都很真挚，像这种相互关爱的事情还有很多。有时我会把父母送来的汗衫、钢笔和许多生活用品送给战士们。这种革命友谊就像兄弟姐妹的亲情一样，一辈子都不会忘记。

我们的部队到过河北、河南、山东的许多地方。比如打济南，军队打下济南后就退了出来。毛主席那个时候的战争策略还是"十六字游击战方针"，即敌进我退、敌驻我扰、敌疲我打、敌退我追，旨在消灭敌人的有生力量。所以部队不是在大城市活动而是在农村，哪怕大城市打下来了，如果对局势不利，也退出来。后来一路打一路退，最后到了惠民，在那里驻扎休整，我们的大量工作就是救治伤病员。

山东地区是八路军的老根据地，群众基础比较好，所以比较稳定。国民党军队在城市里驻扎，而农村基本都是共产党的军队。当时缺医少药，生活条件很差。伤病员只能在地上铺上稻草休息，上面再盖一条单被。被子里面只有两斤半棉花，都是按照部队的规定。没有战事比较稳定的时候，可以生点火炉，因为实在太冷了。

过去在江南一带陈毅、粟裕领导的新四军部队后来改编成了第三野战军，我们医院随之改名为中国人民解放军第三野战军第二野战医院。野战医院是随军的，跟随部队在前方接收伤病员。当然跟团里的卫生员、师部的卫生队又不同，卫生队在更前面一些，野战医院在直接交战的后方。卫生队、卫生员接收的伤病员送到后方的野战医院。虽然当时很艰苦，但是我们经常打胜仗，干劲也很足。

1948 年之前总体来说是敌强我弱，国民党的实力相对强大，随着战争形势的发展，态势逐步改变，国民党军队节节败退。人民解放军逐步开始南下，打过长江，一路向南直至解放全中国。

从 1949 年的渡江战役解放南京，到全国大部分地方解放，一直到建立中华人民共和国，第二野战医院都设在江阴、南通，接收伤病员。后来医院搬到了南京，由于南京汤山的条件比较好，曾经是蒋介石的住处，部队便在汤山建立了高干疗养院。有一些伤病没有完全好的团级以上干部，需要休息一段时间，就住到这个疗养院。我在医院属于一队，当时我们一队被调到高干疗养院以提供医疗技术的支持，这样我就留在了南京。

我的演员梦

因为我的父母在学校工作，所以我很小的时候就进入学校学习。我在学生时代比较活跃，音乐课上经常学着唱唱跳跳，有一些演艺方面的基础。我在部队医院工作时，医院卫生部文工团演出经常会把我们这些十几岁的孩子"借去"给他们做配角。比如有一个表现农村抗日战争题材的戏，戏里的角色凤姑和巧姑是姐妹俩，张惠演凤姑，我演巧姑，用现在的话来说就是群众演员。我们医院接收伤病员要休整、学习一个时期，当时的条件确实也很艰苦，非常需要这样的文艺活动来充实生活。所以文工团就经常排戏，我们也就经常演。我们排练的这些戏不仅在本院演，也在别的野战医院演出，而且还去过其他地方演出。当时我在部队演过不少戏，譬如在《王贵与李香香》里我演李香香，《大榆林》里我演三妮，《兄妹开荒》《夫妻识字》这些戏我们也都演过，基本上都是孩子的角色，所以我们几个当时在部队也算是"红人"。

新中国成立之后社会环境逐渐稳定，周围的很多同志都去深造学习，大都去第二军医大学继续读书，我却想去艺术学校学习。那时艺术学校逐渐多了起来，上海有熊佛西等一批人创建的上海戏剧学院。当时正规的、比较好的剧团，如苏中军区文工团、华中军区文工团，有很多成员都是戏剧学院的学生，他们演过很多像《甲申三百年祭》这样的大戏，我很是羡慕。

当时我年纪还小，1949年前后我也不过十六七岁，一方面自己确实对演员这个职业有点向往，另一方面自己也有那么点天赋，就不想安心待在部队。我所在医院的领导叫赵国宝（后来担任上海市卫生局的秘书长），医院政治处主任叫张震亚（后来是体育局的党委书记）。我就跟这两位领导申请要去读书，而且要去读戏剧学院。但是我是党员，要服从安排。于是我就向组织保证，如果考不上我就安心工作。领导拗不过我，组织上认为我年纪还小，可以培养，同意了我的请求。我便开始准备戏剧学院的考试。

新中国成立后我父母都调到了无锡市教育局，我父亲还担任教育局的局长，1951年左右我跟随父母来到无锡市教育局。后来我去考上海戏剧学院，非常遗憾没有考取。我不甘心，继续努力备考，再后来我以第一名的好成绩考取了人民艺术剧院的演员培养学馆。在学馆学习期间，学馆对我很重视，一方面因为我是在干生，另一方面我还是一名党员。战争年代医务人员较少，所以对医务人员格外重视，1948年我就已经是连级干部，所以入学的时候我是在干生的身份。此外，整个人民艺术剧院的党员很少，学生里面只有我一个党员，党员在当时是很稀缺的。我入党相对来说比较早，1949年3月20日申请入党，9月就转正，当时还不到18岁。

从演员培养学馆毕业后，刚巧上海市文化局也刚刚成立没有多久。文化局还没有党委，只有党总支，整个文化局党员很少。文化局的局长叫于玲，她得知我是党员，而且是由部队转业过来的，就要求把我调去。其实当时我是不愿意再回到机关的，但因为我是党员，要服从组织的安排，就到上海市文化局做了局长的机要秘书。

20世纪50年代初，需要党员做审核把关的民主改革工作，上海当时至少有58个剧团，对这些剧团的情况，要——登记，按照国家的要求实行民主改革。譬如大剧团的总人数，以及演员、编剧、导演、乐队、舞美的人数都有规定，要按照规定实行改革。文化局还要对这些剧团进行审查，审查这里面的人员构成，需要进行哪些改造。因此我就到了民主改革办公室。

当时有十几个越剧团，我就具体负责越剧团的民主改革。一年多之后改革结束，我回到文化局里的艺术一处——戏剧处。这个戏剧处要管理剧团，除了国家的剧团以外还有许多民间的剧团，剧种也有很多，京剧、越剧、淮剧、沪剧、西剧等很多剧种，我在戏剧管理处工作了比较长的时间。后来有很多人到中央戏剧学院去学习，其中有一些就是原来学馆的同学。我虽然很羡慕，但我是党员要服从安排，而且我一直在从事戏剧改革，跟剧团接触比较多，情况也比较了解，在戏剧处工作也还不错。

1976年10月以后，上海市文学艺术界联合会（以下简称文联）逐步恢复工作，党组书记是原来文化局的副局长钟望阳，他了解我的情况，就把我调了过去。文联有很多协会，如舞蹈家协会、戏剧家协会、作家协会、杂技协会等等，我所在的戏剧家协会是文联中一个比较大的协会。当时对会员要求还是比较高的，一级演员要求独立创作几个角色，编剧要独立创作几个剧目，这样的人才能加入协会。我在戏剧家协会工作时，担任过办公室主任、剧社副秘书长。

回过头来看看我们党走过的漫漫长路，这条路真的很不容易。从 1921 年成立，到二万五千里长征，到抗日战争，再到解放战争，到现在已经将近一百年，我们的党依然很强盛。诀窍就在于不断总结历史经验，不断回过头来看我们做过的事情，对的那些就坚持下来；的确是错了的就坚决改正。共产党人善于自我批评，纠正错误。在这一路上，我们可以从许许多多的共产党员身上看到那种不惧困难、勇往直前的坚定信念，这是革命精神，是我们继往开来的精神力量。

（采访及整理：温绍春）

一个军医的战斗生活

讲述人：陈伟昭
时间：2018 年 1 月 25 号
地点：上海市茂名南路陈伟昭家中

陈伟昭，1932 年出生于山东，1946 年在山东胶东军区卫生学校学医，同年冬天加入胶东军区八路军。作为随行军医，先后亲历潍坊战役、淮海战役、渡江战役、上海战役和抗美援朝战争等。

懵懂少年离故土

　　回顾军旅生涯，我的体会是人生的第一步非常重要，一步错很可能步步错。习近平主席在北京大学考察时曾指出："青年的价值取向决定了未来整个社会的价值取向，而青年又处在价值观形成和确立的时期，抓好这一时期的价值观养成十分重要；这就像穿衣服扣扣子一样，如果第一粒扣子扣错了，剩余的扣子都会扣错。人生的扣子从一开始就要扣好。"对此，我深有体会。

　　外出求学，迈出第一步总是比较困难。1946年我离开家乡文登县（今山东威海市文登区）时，年纪尚小，才14周岁。我们村子解放得比较早，只有一个小学，所以孩子们一般上到六年级就没有书读了。这时候如果选择留在家乡，那么就只能待在家里种地。我的想法是，如果留在家里当个农民，无疑会使我的学业荒废，还不如出去另谋生路，长长见识。后来我的一位老师提供了一个机会，如果我们愿意出去工作，他可以介绍。这位老师是当时文登县的副县长，参加革命工作很多年，在当地颇有威望。我们这群学生非常崇拜他，对于他给我们介绍工作的事也十分信任。他告诉我们山东胶东军区卫生学校正在招生，鼓励我们报名，当时就有7个学生报名，其中包括我。如果能考上这所学校，可以学习医学知识和技能，这对我们来说是个很好的机会。

　　实际上离开家乡是很困难的，如果自己没有想法或决心，再加上亲戚朋友的阻拦，这一步往往迈不出去。报名后一个礼拜就是启程的日子，那天本来有7个人，但有5个被他们的父母拦了下来，父母担心孩子年龄太小，不放心他们出远门。最后只剩下我和一个叫王文奇的同学。因此在那个年代想去参加革命工作的有志青年不少，但大多因父母的爱护和长辈亲友的阻拦，最后都放弃了。我记得离家时，只有祖母和继母出来送行，我父亲当时在离家八九里的地方做账房先生，他知道我要外出但却不知道哪一天，所以没能赶来。我自己拎了一个简易包裹，里面装了几本笔记本和书，就出发了。

我外出求学后不久，也有一部分人离开家乡去追求理想。但他们这一步却迈错了，有的人跑到国民党队伍里，包括我原来的一个老师。有些人没有走上正确的革命道路，反而走上一条相反的路。所以人生路上能迈出正确的第一步很重要，当然选准了道路，自己还要有决心，要经得起艰苦环境的磨炼和危险关头的考验。

胶东军区卫生学校距离我家有150千米，我和王文奇是一步一步走过去的。我当时年龄小，又没出过远门，根本不认得路。幸而王文奇经常外出活动，离家四五十千米远的地方都去过，加上他比我年长些，一路上都是他带着我。途中每到一个村，只需跟村长讲明来由，他就会多开两个人的饭，我们两人相互陪伴最终走到了胶东军区卫生学校。

当时招生考试采取按批考的方式，每满20人左右开考。我那一批考试的有21人，年纪都不大，最年长的也只有17岁。考场条件很简陋，安排在一个老百姓家里，不像现在有宽敞明亮的教室。没有专门的课桌椅，只是把门板拆下来，架在两个凳子上就是一张桌子，考生就在这桌子上答卷子。考试的科目和题目我至今还记得，一共考四门，第一门是作文，题目大致是你为什么要参加革命；第二门是数学，我基本上都能算得出来；第三门是政治，考了孙中山的三大政策是什么、中国共产党的生日是哪一天等题目，类似于现在的时政题；最后一门是体能检查。这四门都通过了才能被学校录取，有机会留下来学习。考试成绩公布的时候我们那批人里只录取了3个，里面就包括我和王文奇。

我们看到成绩后开心得不得了，当场就大笑出声，几乎要蹦起来。其余没被录取的人只能回家，也有几个不愿意回家，哭着吵着要留在学校。但是没办法，没被录取的即使留下来学校也不再提供伙食，这些人只能回家。我迈出的第一步使我从一个农村子弟成为胶东军区卫生学校的一名学生。

入学后我们统一穿着便服，上身是一件小白褂子，下身一条黑裤子，头上扎一条毛巾，洗完脸后可以把毛巾从头上拿下来擦脸，整体上的装扮像个陕西农民。有一天我们在学校里看到一个穿军装的军人，他肩上还背着一杆枪，这样的装束在学生中格外扎眼。我心想这个穿军装的人肯定是个干部，但他来学校做什么呢？我十分好奇。后来才知道原来是部队紧缺卫生员，他来学校补充卫生员的。不久我们3个班一共36人就被全部调往部队。

1946年的冬天我们到达部队。到后每个人立马领到了一套军装，我穿上军装的那一刻，告诉自己现在是一名军人了！部队往每个参军的卫生员家里寄了一封喜报，告知家属其家中的某位成员已经成为一名八路军战士。后来我父亲回信告诉我，家人为此都感到非常光荣，接到信后不久就在大门口挂了一个光荣牌。这是我们村的习俗，凡是家里有当兵的，这户人家就会在门口挂一个光荣牌，好让左邻右舍都知晓，整个乡里也会为此感到光荣。我离家之前村里许多军属家庭的光荣牌都是我给做的，用毛笔在雕刻成五角星的木牌上写上"光荣牌"三个字，之后再用油漆刷好挂在大门上，整个牌子非常漂亮。后来我听到自己家里因为我也有了一个光荣牌，内心的那种喜悦是无法言表的！

作为卫生员，我并不与敌人真刀真枪的拼杀，主要任务是救治伤员，但也不轻松。部队一年到头都在行军打仗，不断会有伤员送过来，我们做得最多的工作是给伤员伤口止血、包扎和固定，伤势严重的要转到后方的野战医院，等疗养好了再返回部队。一路上我们跟着部队走，部队打到哪儿我们就跟到哪儿。通过一个个阶段的锻炼，我一步步从卫生员成长为卫生班长、医助，最后成为军医。

虽然我没有带兵打仗，也没有亲自上过战场，但也经历过生死关头。这是一个非常重要的考验，部队中不乏像董存瑞那样为了革命宁愿牺牲自己的英勇战士，但更多的是像我们这样会担心生死的普通人。我们村有两个参军的人因为怕死，趁晚上偷偷地跑回家，这对部队来说是十分严重的问题，如果每个人都如此，部队何谈战斗力呢！这两人回村后隐瞒了自己是逃兵的事实，后来居然还当上村干部！这种行为在我看来是十分可耻的。我对于革命的信念和对生死问题的觉悟是在战争环境中逐步加深和提高的，正是艰苦的环境磨炼了我的心智，使我从一名懵懂的新兵成为信念坚定的革命战士。

战火洗礼真勇士

我从 1946 年参军以来，跟随部队经历了潍坊战役、淮海战役、渡江战役、上海战役等重大战役，其他小的战斗更是不计其数，一年到头都有，这其中我印象最深刻的是渡江战役和上海战役。

现在的历史课本，包括不少历史资料中都记载着解放军乘坐小木船横渡长江，但仍有不少人存有疑惑，他们怀疑小木船是否真能把这么多解放军战士运过波涛汹涌的长江。但实际上运送我们过江的就是老百姓打鱼用的木船。为了掩敌军耳目，我们把渡江的时间定在晚上，一条船大致能装 25 到 30 人，这是我自己估算的，因为晚上视线太暗实在看不清楚。虽然当时情势紧急，但部队都是整整齐齐排着队上船，等全体人员坐好之后，班长再命令开船。船划到对岸只要一刻多钟，但就在这短短的时间里，船上的人员随时都有可能丧命。天上敌人的飞机不断地狂轰滥炸，把好些船都打翻到水里；对岸有敌人的碉堡用火力网封锁住江面。

我渡江时就差点死在江边。我所在的船向江边靠拢的时候，敌人的一个炸弹正好落在船的前方，距离只有五六米远，只听到班长喊了一声："卧倒！"紧接着就是"哐"的一声，炸弹爆炸的巨大声响震耳欲聋，岸边的泥土整个被掀了起来，把人都埋到了里面。如果我们的船再往前划一点，整船人就非常危险了。虽然船没被击中，但船体却被弹片炸出了一个小洞。那个洞口恰好在我坐着的地方，再加上船的剧烈颠簸，江水不断地涌上来。见此情形我灵机一动，用随身携带的麻袋堵住洞口，然后一屁股坐上去把洞口堵住。

做这件事时我并没有声张，生怕引起大家的恐慌。直到船靠岸部队在岸边休整的时候，有人发现我屁股那里都湿了，问我缘由，我才把这件事告诉大家。班长肯定了我的做法，毕竟如果我当时按捺不住告诉了其他人，势必会引起骚动。要知道船上有20多人，一旦发生骚动便足以使本就摇晃不已的船颠覆在江中。现在回想起来，那个时候我似乎并不知道害怕，等爆炸过后我抖落掉身上的泥土，发现没有受伤便跑到江边的一个小树林里去隐蔽。

部队渡过长江之后又徒步行军了半个多月到达南浔，然后开始解放上海战役。攻城之前上级下达指令，进城之后解放军不准进入老百姓家中，不得干扰老百姓的日常生活。因此后来在上海作战期间，我们都是睡在大马路上。有时候天上下小雨，再加上蚊虫叮咬，睡马路的感觉非常难受。然而战斗持续了7天7夜，部队已经筋疲力尽，战士们坐在马路上就能睡着，雨水和蚊虫便都不值一提了。

解放军10万大军夜宿南京路街头的事件在国内外被广为报道，有些外国人到现在还是不明白解放军为什么要睡在马路上。5月份上海的天气还比较冷，解放军为什么不到老百姓家里舒舒服服地睡上一觉呢？外国人自然不能理解这种行为，因为没有哪个军队像解放军这样如此爱护老百姓，全心全意为老百姓着想。尽管当时作战环境很艰苦，但后来每每想到自己能亲历上海解放，我就抑制不住地激动和喜悦。

除了不入民宅外，总前委制定的《入城守则》中还规定在市区内不能使用重武器。其实如果能使用重武器，解放上海的进程无疑会加快很多，部队牺牲也会少很多。但是为了保护上海这座城市以及老百姓的生命财产安全，士兵们被要求不能随便开炮，不准向居民楼投手榴弹，所以解放上海时部队的伤亡是很大的。可以说上海的完整保留是用解放军的鲜血换来的，解放军宁可自己多流血，也不会伤害一个老百姓，这句话一点都不假。作为卫生员，部队的伤亡大了，我们的任务也就重了，那时由于要抢救大批的伤员，我们常常是连续几天几夜都不能合眼休息。

半个月后我们成功解放了上海，之后部队留在上海进行休整。这时许多抹黑、轻视解放军的言论四起，有人认为解放军能攻进上海，但未必能守得住上海，他们不相信长期生活艰苦的解放军到了上海这个花花世界能抵挡得住纸醉金迷的诱惑。敌人们认为，解放军在上海这个大染缸里，迟早会从"红变为黑"。确实，对部队来说解放上海不是最困难的，最关键的是守住上海。怎么才能守住呢？这需要有坚定的政治信仰，能经得起各种诱惑考验。

我们党做思想政治工作的同志很有先见之明，往往在思想问题未露端倪之际，就对部队进行针对性的教育，防患于未然。如部队明确规定，无论周围发生何事，所有站岗人员一律不得擅自离岗。有些人想引诱解放军违反纪律，在其站岗时故意落下钱包或包袱，但战士们一概不理，严格遵守上级规定。因此有想借此大做文章的人必然失望而归。

解放军正是以自己的实际行动，向人民群众证明：共产党不仅能抵挡得了战场上的坦克大炮，也能抵挡得了资产阶级的糖衣炮弹。久而久之，共产党就赢得了人民的信任，他们相信解放军是一支既能解放上海，也能守卫上海的军队。解放军这支队伍，就是跟别的军队不一样！

抗美援朝历生死

解放上海之后我们部队紧接着就投入到紧张的训练中，为解放台湾做准备。华东军区颁发训练大纲，要求各军兵种部队先分练再合练，然后海陆空三军协同作战解放台湾。我们的准备工作已经做得很充足，但偏偏这个时候朝鲜战争爆发。1950 年 9 月 15 日，美军第 10 军于朝鲜半岛南部海岸仁川登陆，之后联合国军迅速攻占汉城（今韩国首尔），越过三八线，并直接威胁我国北方领土的安全。对此周恩来总理发表讲话，警告美国："中国人民决不能容忍外国的侵略，也不能听任帝国主义者对自己的邻人肆行侵略而置之不理。"

但当时联合国军司令麦克阿瑟认定，中国刚刚走出抗日战争和解放战争的泥潭，此刻不敢出兵与美国对抗，所以他不顾中国政府的多次警告，仍然率军向北推进，企图迅速占领整个朝鲜。同时美国飞机多次侵入我国领空轰炸丹东等地区，并公然声称："在历史上，鸭绿江并不是中朝两国截然划分的、不可逾越的障碍。"言下之意是想将战火烧到鸭绿江边，甚至跨过鸭绿江到达我国东北地区，其言行举止十分嚣张。面对美军咄咄逼人的气势，1950 年 10 月 8 日朝鲜政府请求中国出兵援助，没多久中共中央政治局会议做出最后决定：出兵援助朝鲜。

我所在的部队也参加了抗美援朝，在渡过鸭绿江后于 1950 年 12 月 8 日晚进入朝鲜。当时战情紧急，战火马上要烧到鸭绿江边了，毛主席命令我们的部队绕到敌方后部，迎战美国海军陆战队第一师。由于敌人不相信我们会派军队援助朝鲜，所以他们的警觉性比较低，入朝后我方曾有半个多月的行军，但敌人都不知情。志愿军入朝时正值冬季，野外早已被冰雪覆盖，温度降至零下40多度。而战士们就是在这样极端严寒的天气里一步一步抄到敌军后方，可以说十分艰苦。

我们的部队在白水里与美国海军陆战队第一师相遇。这支部队在美国海军陆战队中资历最老、规模最大，号称美军的王牌部队。美军的武器装备精良，飞机、坦克、大炮等现代化的装备应有尽有，与之相比我军的装备还停留在跟国民党作战时期。最好的武器就是"三八大盖"，还是抗战的时候从日军手里缴获的，更不用说坦克和大炮了。坦克、大炮这样的武器一是我们自己造不出来，缴获的坦克数量也有限；二是朝鲜冰天雪地的自然环境加上多山的地形，坦克和大炮根本开不上去。

我们以小米加步枪应战美军现代化的武器装备，美军的轰炸机每天在我们头顶徘徊，炸死了很多战士。即使我们隐藏在树林里，美军也能打烟硝弹摧毁树林，让人毫无藏身之处，一场战役下来我方人员伤亡很大。战况之惨烈，有的一个师打得只剩下不到一个连。由于没有飞机，刚开始也没有苏联支援，所以对很多人来说，抗美援朝战争是真正意义上的九死一生。

现在回忆起来仍然觉得抗美援朝这一仗打得实在是太艰苦了。武器装备差是一个问题，但最大的问题是气候条件太过恶劣。零下40多度的气温，冻伤的战士数量远比战斗伤亡的要多得多。虽然战士们穿着棉服，但在那种气候条件下那种棉服还是显得比较单薄，头上戴的大盖帽也根本抵御不了严寒。有时候耳朵被冻得没办法，只能拿个毛巾围起来；脚上还穿着解放鞋，就是那种胶底帆布鞋，穿着这种鞋在雪地里长期行走和站立是吃不消的。

相较之下美军的物资非常充足，他们的士兵都穿着皮大衣和高筒毛皮鞋，晚上还可以钻进鸭绒睡袋保暖；而我们只有一条装有 2 千克棉花的小被子，晚上住在自己挖的地洞里，零下 40 多度的气候下土地早已板结成一块很难铲动，只能找山洞隐蔽在里面休息。打伏击战的时候战士们在零下 40 多度的雪地里隐蔽了两天一夜，因为没有攻击命令大家是一动也不能动的。但后来等命令下达时，士兵们的两条腿早已不听使唤，即使是这样还要努力爬着去扔手榴弹。

很多战士因此把两条腿都冻坏了，等我们去救护的时候腿已经冻得跟木头一样，敲起来发出咚咚咚的声音。冻伤腿的士兵从膝盖以下已毫无知觉，他们走路的时候像喝过酒的人一样摇摇晃晃，真的让人十分痛心！我看到战士这样的情况都禁不住掉眼泪。被冻伤的士兵数量实在太多，我一个人一晚上就处理了 800 多例，很多士兵最后只能把两条腿都截掉。因为到了暖和一点的地方，他们冻伤的腿就像夏天掉在马路上的棒冰一样化开流水，双腿已经完全坏死了！抗美援朝战争结束后，回国的残疾军人大部分都是把腿冻坏的。

毛主席下达的命令是彻底歼灭美国海军陆战队第一师。但我们没有做到，实在是因为武器装备和气候环境都太差的缘故。我们带的枪支和迫击炮暴露在野外一段时间后，子弹被冻住根本发射不出去，手碰一下枪，手上一块皮就被拉掉了，这毫不夸张。所以之后我们总结经验教训，热带、温带的武器到寒带是不管用的，在不同的气候环境中作战，武器装备也应该做出相应调整。由于我们国家的地理环境和朝鲜差别太大，抗美援朝时恰好又遇上朝鲜几十年不遇的极端低温气候，原先带着的武器很多无法使用但又不好扔掉。

美军一直守在我们运送物资的铁路旁，只要我们的车来一辆他们就炸毁一辆。那时路两边都是被烧毁的车皮，美军就这样截断了我们的粮食和武器配给线。粮食供应被截断之后我们常常处于吃了这一顿没有下一顿的状态。有时人正吃着饭，炸弹就"咣咣咣"地飞过来，让人连饭也吃不上。后来我们已经习惯这种作战环境，对飞机轰炸"视而不见"，该吃饭就吃饭。我们那时候都抱着这样一种想法："炸死我再说，没炸死我就接着打仗！"要问那时大家害不害怕，只能说已经习惯了。所以跟美军作战比跟国民党部队作战更为艰难。我的革命岁月的艰苦经历主要是在解放战争时期和抗美援朝时期，特别是抗美援朝，能熬得过这种艰苦的环境可以说是经受住了考验。相较一般人而言，上过战场的老同志的思想信念都更为坚定。

精湛医术救黎民

"文化大革命"时期，我接到了一生中最困难、最艰巨的一个手术任务。当时我在苏州，吴江县有位妇女跑到我们部队司令部求医。她肚子里有一个很大的瘤子，大到什么程度呢？她缠裤腰的绳子有1

米多长，平时根本无法坐下，烧柴火的时候只能跪在地上。她家里比较困难，全靠丈夫骑三轮车养家糊口。26 岁的时候就被发现肚子里有瘤子，但她来我们部队求医的时候已经 49 岁了。她生病期间看过许多家医院，但没有哪一家医院敢收留她，因为她这个瘤子实在是太可怕了，不管哪个医生接收她都要冒巨大风险。

在这个女患者走投无路之际，有人给她出了个主意，让她去兵营里找解放军。于是她先去了我们部队的司令部，司令部的人了解情况后找来了卫生部科长，科长看到这个患者又打电话给我，让我先过来看看能不能把她收下来。

我看到这个患者之后就一直摇头，她全身上下骨瘦如柴，脸色蜡黄，看上去情况很不妙，再加上病情拖了很久，肚子里的瘤子已经长得很大，手术风险很大。当时我想，如果收下她，有本事治好吗？我的医术是否能担起这份大任？但如果不收治她，她就只剩下一条死路。我又想到，人民的军医如果不为人民服务，还有什么资格当军医？那时候我做了激烈的思想斗争，最后还是坚定了我救治这个病人的想法。

冒险收下她后我一直心绪不宁，老想着要对得起她，把她治好。之后给病人做了一系列检查，我拟定了一个初步的诊疗计划，决定在五一之前把手术做了，让她能高高兴兴地回家过五一，病人知晓之后非常感谢我们。手术之前我决定给她补充营养，并输了 800 多毫升血，因为她身体十分虚弱，不这样的话根本经不起一台大手术。持续补充了一个多月的营养，她的体重增加了，面色也红润了，我们这才给她做手术。

当时并没有专门的手术室，整个手术是在吴江防疫站的一间普通房子里进行的。手术前先将房间打扫干净并进行消毒，再在里面挂上一顶帐篷隔离灰尘，一间野战手术室就完成了。手术灯是四根日光灯管，手术床则是用学校的两张课桌拼起来的。那时候的手术环境是无法跟现在的医院条件相提并论的，但已比白求恩在中国行医时进步了许多。上级对于这次手术十分重视，反复叮嘱我们一定要小心谨慎，力争圆满完成手术。政委亲自找我谈话，交代我要做到以下三点：一要下定决心不怕牺牲、排除万难，争取胜利；二要带领好手术小组，分配好每个人的任务；三要发挥专长和保持老练忠厚的思想作风。

在整个手术过程中，我们团领导一直在手术室里陪着我们。手术前他问我准备好了没有？我说准备好了，他说："那现在我命令你们手术正式开始！"那一刻大家严肃以待的情形就如同上战场打仗一样。正式手术时由于那个瘤子很大，50厘米的刀口下去还觉得不够，而且手术难度实在太大，整个瘤子完全黏附在腹壁上就像植物的根须黏附于土壤之中，分离的过程十分艰难。幸而有领导在我们身旁坐镇，这对手术组而言是很大的鼓励和支持。

这场手术一直持续了将近7个小时，期间还有个军医晕了过去。当时他和另外一名军医负责托着瘤子，但这个瘤子实在太重了，重达25.25千克，他抬了半个多小时身体就吃不消了。这要是在战场上就等于打仗打到一半就下火线了。其实我当时也已经汗流浃背，手术衣整个都湿透了，为了防止汗滴落下影响手术，就采取湿了一件就再套一件的方式，整个手术期间总共套了3件。最后手术完成时，我喘了一口粗气，整个人筋疲力尽，瘫坐在地上一动也不想动。

手术非常成功，一个礼拜之后就可以拆线，两个礼拜之后患者就出院了。出院那天她丈夫骑着三轮车来接她，俩人开开心心地回家了。由于考虑到患者的家庭情况比较困难，我们医院除了收取她一些伙食费外，其余一概免除。我看到患者恢复良好，内心也是十分欣慰和喜悦。

可以这样说，正是党的指导思想贯穿了我的一生，指导着我迈下人生的每一步，对此我一直感到十分幸运并且深以为荣。

（访谈及整理：薛青）

平凡岁月里的红色之歌

讲述人：黎泽民

时间：2018 年 2 月 27 日

地点：上海市思南路 36 号黎泽民家中

黎泽民，1936 年出生于湖南长沙，高小①毕业后加入中国人民解放军。1949 年分配到海军第六舰队，在海军工作了 20 年。复员后回到上海，进入上海无线电九厂。1996 年离休。

---

① 高小，小学高年级的简称，也就是现在的小学五六年级，但仍是小学学历。

激情参军路

1936年我出生于湖南长沙，少年的成长岁月经历了抗日战争和解放战争的全过程。12岁的时候，解放战争的大规模作战基本结束，中国共产党赢得了胜利。这时，父亲跟随他的工作单位——上海电影制片厂回到上海，我也随之开始了在上海的学习生活。

高小毕业后，我还不到13岁。父亲单位里有一个工人说要去参加解放军，当时上海刚解放不久，在老百姓的心中解放军就是"天兵"，不管从哪一方面来说，对解放军都没有任何不好的看法。我从小生活在战争的环境中，对于军队战士的英勇威武耳濡目染，所以特别崇拜解放军，觉得他们特别神气，也一心想要参军。于是，在得知父亲单位的那位工人要去参军时，我按捺不住内心的激动，也跟家里要求去参军，家里考虑后同意了，我便开始了影响我一生的军旅生活。

一开始，我加入的是陆军部队。1949年4月23日，毛泽东主席考虑到国家急需加大对海军力量的建设，于是发布命令，决定要成立华东军区海军，把一些好的作战部队调到海军，以壮大海军力量。1950年1月，我随部队从陆军被分配到了海军，此后在海军一干就是20年。

海军作战和陆军作战很不一样。陆军要冲锋、拼刺刀，海军则不同，比拼的是军舰、武器装备。在这么长时间的参军生涯里，我最大的感触也是由装备力量的加强带来。就从军舰的装备力量来看，新中国成立前后，我们所使用的军舰，主要是国民党在撤退过程中留下来的，已经伤痕累累。就是在这样艰难的条件下，海军战士们硬是打了一场又一场的胜仗，成功地解放了中国东南沿海各岛屿，出色地完成了党和国家交给的任务。现在的海军当然较之过去更为出色，已是目前世界上发展潜力最大和发展速度最快的海军。

解放东矶列岛首试锋芒

我的军队生涯主要集中在海军，有关战斗经历也都是海军作战的真实经历。新中国成立后不久，人民海军与国民党海军的几次交锋，我的印象最为深刻。

1954 年，当时朝鲜战场刚停战，国内国际局势还不太稳定。国民党在美国的支持下，开着军舰在我国东南沿海地区耀武扬威。朝鲜战争刚结束不久，党中央和毛主席就决定，要下大功夫壮大我国的海军力量，消除沿海地区的安全隐患。因此，给海军下了一个任务，要求把沿海的国民党势力通通驱逐出去，解放东南沿海的全部岛屿。在这样的命令下，海军的主要工作就是负责掩护、输送陆军到岛屿地区与国民党军进行作战，以及必要时刻与敌方进行海战。

我们当时所在的部队叫华东海军第六舰队，后来叫第六护卫舰队，是海军的王牌舰队，出了 108 位将军。

大大小小的战斗进行了很多场，我直接参与的印象最深刻的主要有两次。第一场海战是解放东矶列岛的首次海战。东矶列岛位于浙江石浦、三门湾以南，渔山列岛西南，与敌占岛屿——一江山岛遥遥相望，互成掎角之势，因此解放东矶列岛就成为军事部署中极为关键的一环。

1954 年 4 月 27 日，那时候我的年纪还很小，身为一个小战士，主要听从首长的指挥，首长下什么命令，我就执行什么命令。更何况海军和陆军有一个很大的差别，海军的作战核心在于指挥员的作战指挥。我们当时的指挥员是支队副支队长、第六舰队副司令员，后来是潜艇学院的院长冯尚贤少将。他是一位老兵，常年参加战争，战斗经验丰富，作战指挥很成熟。在这场战斗中，我们四艘军舰（广州舰、开封舰、瑞金舰、兴国舰）接到上级命令后便一起出海。

我所在的军舰是广州舰，这艘舰在海军中属于比较大的军舰。到了海上，冯尚贤少将命令广州舰、开封舰待机，按原定计划实行钓鱼战术。先由瑞金舰、兴国舰两舰前去诱敌。国民党一看，两条小军舰也敢来挑衅，于是派出了四艘军舰前来作战。将国民党的作战军舰引出来之后，开封舰、广州舰两舰找准机会，集中火力打敌方军舰。当日 11 时 55 分至 12 时 41 分，敌我进行两次射击，我方击伤敌方护卫舰太康号、太和号，共命中 130 毫米炮弹 9 发。这一战打出了我军军威，令敌舰仓皇逃跑。

当时我们军舰上装备最好的炮弹是口径 130 毫米的苏联炮，是同时期世界上较为先进的舰炮。国民党的军舰大多是 127 毫米以下的舰炮，而且我们的射程远，他们的射程近，在双方的交战中，国民党自然就落了下风。当然，我们能够如此轻易地取得胜利，离不开指挥员的正确指挥和战士们的高昂士气。

我方的第一颗炮弹就打中了对方的一号舰，随后这艘军舰就起火了，甲板上冒起黑烟。敌人另一艘装备着127毫米的舰炮，试图发起反击，将一发炮弹打在离我们军舰大概只有20米的海域。炮弹打在海面上，往日里清澈的海水此刻咕噜咕噜地冒起了黑烟。就在这危急关头，冯副司令员命令我们的军舰采取"曲折运动"战术。什么叫"曲折运动"？在舰艇交战的攻防中，敌舰攻击我们的时候，如果是采用"夹中"的战术，即朝着我们的方向一个远弹一个近弹的发射炮弹，下一次攻击就会经过修正，并极有可能命中我们的军舰。为防止这种可能的发生，指挥员当机立断，命令我们改变战术，远弹减，近弹加，采取"曲折运动"，即呈一个曲折的路线前进。这样一来，对方的炮弹就很难打到我们的军舰，所以在这场战斗中我方几乎是以零损失取得了胜利。

5月15日，为了彻底解放东矶列岛，我方又调来两艘军舰，与国民党形成六对二的作战局面。陆军在我们的掩护下，战斗进行得很顺利，很快拿下东矶列岛。

当然，在我的从军生涯中，并不是只有一往无前的胜利，也有一次损失十分惨重的战斗。这场战斗就在解放东矶列岛之后不久。5月17日，瑞金舰编队航行到檀头山①西北锚地，准备补给军舰上所需的弹药和蔬菜、淡水等必需品。就在瑞金舰编队返回东矶山的途中，遭到国民党飞机的偷袭。国民党派出四架超低空飞机，超低空飞机即飞

---

① 檀头山位浙江省石浦镇东20千米处，西南近南天岛，面积11.03平方千米，岛形如铁锚状，岛以山名，最高点檀头山居岛东侧，海拔225米。

机的海拔高度离海面大概只有几十米，在这么近的距离下，雷达是无法发现他们的。四架敌机窜入头门山上空，在我方海域上寻找之前与他们舰队作战的广州舰和开封舰，试图对我们进行报复。但是敌机没找到这两艘舰，而是找到了瑞金舰和兴国舰，四架飞机对两艘舰进行了轰炸扫射。一瞬间，敌第一架飞机投下两枚炸弹，落在瑞金舰右舷海水中爆炸，飞机不停俯冲扫射我方舱面人员。瑞金舰被两枚炮弹击中，机舱爆炸起火，舱内进入海水使舰体向右倾斜；甲板上遭敌机疯狂扫射攻击，瑞金舰的大队政委高一心、舰政委孙毅芳等56名指战员壮烈牺牲，40余名战士负伤。

很多人之所以成为英雄，在于他们生死存亡间做出的决定，从来都是大无畏地向前，而不是退缩。瑞金舰遭到敌机的疯狂轰炸，损失惨重，但是在瑞金舰沉没之前，我们也看到了许多英勇战士可歌可泣的一面。当海水已浸腰时，炮手还坚持在站位上向敌机射击，一直打到在海水中飘浮起来不能站稳才停止射击；信号兵邹吉才身上已经中弹，两条腿都被炸伤，他跪在指挥台上，双手挥舞着旗子，给兴国舰发出最后一组信号；炮长朱桂林和炮手陈阿陆在火炮不能发射后，坚持以冲锋枪射击敌机；报务员姚贵生在无线电室震塌而压伤下身，海水即将浸没室内的危急情况下，仍忍痛向南昌舰发完最后一份特急电报；右腿负伤的信号兵李文樵，跪在驾驶台上使用两顶水兵帽（信号旗已被炸飞了），向兴国舰发出战斗命令。聂奎聚大队长不顾个人安危，沉着指挥对空射击。当大家下水漂游时，他不会游泳，也未来得及带救生衣。负伤的邹吉才毅然将借以活命的木箱推给聂奎聚。他对聂奎聚说："你活着比我更有用！"然后自己竭力漂浮，十分幸运

1963 年黎泽民荣获三等功的
奖状

的是他最后被渔船救起。战士们不屈不挠，用尽生命中的最后一丝力
量，顽强战斗到底。

这次惨痛的经历给我们带来一个很大的教训，即建立海陆空一
体化的军事体系十分重要。时至今日我仍然记得那些在危急时刻仍
奋勇向前，将个人生死置之度外的感人场景，这是一生都忘不了的
宝贵记忆。

这场惨烈的战斗开始只有极少数的人知道，我之所以知道，是因
为当时负责文书工作，会议布置等都要由我来做。5 月 17 日那天吃
过午饭，接到上级的命令，要求我去把会场布置一下，为瑞金舰上的
烈士举行一个追悼仪式，全体舰员到场参加。由于在追悼会之前要绝
对保密，我就一个人在会场里将横幅写好，不敢让别人知道。下午两
点钟，会议开始，很多人一进去看到标语，瞬间就懵了，接着眼泪就
掉下来。这些到场的人中，有当兵多年的老战士，有刚入伍的青年学

生，有原国民党海军。大家谁都没有想到瑞金舰会被炸沉，多年的阶级感情使我们悲痛万分。悲痛过后，更是要化悲痛为力量，不能让瑞金舰上的战友们白白牺牲。这些场景到现在都历历在目，在我的人生中留下了不可磨灭的印象。

跟随陶勇司令员作战

1965 年，我有幸护送舰队司令员陶勇将军南下。在南昌舰上，我见到了威震四海的陶勇司令，并在一次作战中更为真实地认识到了他的胆识和智慧。

当时陶勇将军是东海舰队的司令员，在战士们心目中威信极高。他曾是新四军的指挥员，经历过长征的战士，能打仗、打胜仗，海军战士们私下里都叫他"陶老虎"。这不仅是因为他威望很高，大家左一个陶司令，右一个陶司令的提到他，更是因为他是一位很有打仗决心的司令。只要有仗打，他必然会以十二分的激情去迎接每一场战斗。"五一海战"就是一个生动鲜活的例子。

1965 年 4 月 30 日晚上，我们在福建沙埕①的码头上举行五一晚会，战士们都很开心，说说唱唱十分热闹。陶勇司令员也参加了我们的晚会。晚会过后大家就去睡觉了。11 点多，作战科长突然把我叫起来，说："陶司令在会议室等你，把海图带上。"我拿着海图以及绘

---

① 沙埕镇位于福建省东北部，属福鼎市管辖，港址沙埕镇，系闽浙海岸的交界地。

图工具到了会议室。原来，敌人的东江号误航，将我们的岛屿当成了他们的岛屿，驶入我方区域。陶勇司令命令我们立即出击。

南昌舰舰长立刻拉响一级战备，紧急备航，很快我们便起航。出沙埕口不远，陶司令来到指挥台，对作战计划进行了指导。同时陶司令命令两个护卫艇大队也马上出击，后来因为种种原因，我们的追击行动有所延误。在海图室陶司令亲自询问如何接敌，认为我们的航线画的太远，要求走一条近路，于是我们选择了一条很近的航道。但这个航道没有"扫过海"，也就是说这片海域有没有暗礁或其他什么危险情况我们事先不知道。出于对军舰安全的考虑，我告诉舰上的雷达兵："你一分钟给我测个舰位，要保证军舰安全出击。"陶司令命令从这条航道出去，全部行程节约了至少20分钟，为我们到达作战现场节约了宝贵时间。后来虽然南昌舰没有直接参与战斗，但是我方还是成功将国民党的东江号重创。

在"五一海战"中，为了准确射击敌舰，有一个战士在射击的时候不小心把船尾的航迹灯的电线拉掉了，于是航迹灯熄灭，航迹灯是用来提醒后方的船只，标明前方船只的位置。结果该艇在转弯的时候，后面的艇没有看到，一下子撞了上来，除此之外我们没有任何损失。这一撞，属于一次严重的作战失误，可在这样的失误里，我们也看到了一个心系集体的战士有多么伟大和无私。一号艇被撞进水后，一位战士看到被撞的洞口奋力用身体堵住这个洞，防止有更多的海水涌进来，可以说是用自己的血肉之躯保护了这个艇。后来回到沙埕后，我们随陶司令一起去看望过这位英雄。解放军战士，有一个共同的优点，就是始终最先想到的是集体，这是一种令人值得敬佩的精神。但这次撞击导致我方被撞艇舱进水，涌浪太大，操纵失灵，贻误了击沉或俘获敌艇的良机，没过多久便撤出战斗返航。

更让人敬佩的是，由于陶司令身份的特殊性，中央军委在这次海战中多次命令南昌舰返航。但他依然坚持将战斗进行下去，仍带领舰队前行作战，直到邓小平同志亲自下命令让他立即返航，陶司令才决定暂停前进。此时我们的两个护卫舰队已经将东江号重创，作战已经取得了胜利。南昌舰在这次海战中，虽然未与敌舰交锋，但却起到了一定的威慑作用，毕竟敌舰是不敢与南昌舰130毫米主炮进行海战的。

此时距天亮仅剩3个小时，由于我们并不掌握制空权，如果不尽快返航，陶司令在舰上就会有比较大的危险。在征得陶司令同意后便立即返航。果然，我们在返回港口的过程中遇到了敌人飞机的袭击，陶司令亲自指挥作战，我方歼击机也起飞作战，击落敌机一架。返航时，陶司令考虑到战士们的安全，命令两艘护卫艇先返航，但战士们无所畏惧，依然跟在陶司令后面保护着他的安全。下级对上级、上级对下级的这种亲密关系是我们部队的特点，总是将安全的位置留给别人。这次作战给我留下了很深刻的印象。

陶勇司令英勇无畏的精神一直激励和感染着海军的每位战士。我记得在沙埕观看文工团慰问演出的时候，有两个战士满头大汗地跑来，说是来看陶司令。我问他们从哪里来，他们说跑了20里路，专门从海岛上赶来想看一眼陶司令。当时军队里对首长的崇敬，已然到了这种程度，可见首长的形象是多么的光辉伟大。

青春岁月戍卫海防

过去的海军生活比较艰苦，不仅要随时保持警惕，时刻做好准备与敌人战斗，同时更要有一个良好的身体素质，应对海上的大风大浪。大海并不总是温柔的，海上的情况变幻莫测，有时候风浪很急很大，能够把甲板上的东西席卷一空。身体素质较弱一些的战士经常会出现呕吐不止的状况。

当时的海军还有个规定，战士刚入伍要剃光头。入伍满 5 年，可以留两厘米的头发，干部的头发可以稍长些。我们可以凭借头发长短很快区分出新兵与老兵。然而刚入伍的日子总是难熬的，头皮剃的光秃秃，经过烈日一晒，海风一吹，好好的脑壳要脱层皮才算得到真正历练。

常年漂泊在海上，不仅要有过硬的身体素质，还要有强大的心理承受能力，要学会接受长时间在海上的孤独状态，更要适应亲人不能陪在身边的无助和迷茫。可以说，与家人的常年分离是一件最让人痛苦的事情。我和我妻子结婚 12 年，一直分居两地，仔细算算我们在一起的时间，加起来也很短。我经常要出海，最长的一次有 250 多天。妻子为我养育一儿一女，由于常年的聚少离多，甚至在孩子们出生的时候我都没能回来看一眼，错过了很多和妻子、孩子相处的美好时光。所以我很感谢我的妻子，在我当兵的日子里撑起了家中大大小小的事情。

由于我在海军中表现不错，又算得上是半个知识分子，上级决定让我去海军高级专科学校学习。1958 年，我到了青岛的海军高级专科学校，开始了为期两年的学习。去之前，我是海军少尉，到了学校以后晋升为海军中尉。学校毕业后，直接到"西安号"军舰上当航海长。1965 年，调到第六舰队当业务长。后来由于历史原因，我离开部队复员回家，回到了上海。

老兵不死，只是凋零

回到上海以后，组织上本来是准备让我当计划员一类的干部。我拒绝了，因为我更想当一名工人，于是进入了当时的上海无线电九厂，成为一名电镀工人。之后没过多久，我当上车间主任。干了两三年后，我被调到厂部当计划科长。再后来，我又被借调到元件十三厂当了 8 年厂长，一直干到离休。

对于这段工作经历，我也是十分有感触。那个年代的人在投身工作的时候，都是不计报酬，非常积极，充满激情。别人一天工作 8 个小时，我们一天工作 12 个小时，从来没有怨言。1996 年 12 月离休时，我还获得了上海市先进离休干部称号。

我们这一代人的一生，和党紧密相关，在党的领导下成长，在党的培养教育下不断进步。我们相信党、选择党，是因为她所包含的精神、她光辉伟大的思想使我们坚信，这是一个可以信赖并为之奋斗终生的组织。

我 17 岁时就向组织提出了入党的申请，但受当时政策影响，我既不是出身于贫下中农，也不是出身于工人阶级，组织上要求我接受党的 10 年考验，我欣然接受。那时我的入党热情很高，对共产党的向往和追求不掺杂一点水分，总是想加入这个光荣而神圣的组织。直到现在，我依然感谢自己当时做出了正确的决定，且从来没有为此感到后悔。直到提交申请后的第 9 年，我才成为一名中国共产党党员，那时我已经 26 岁。现在，我已经有快 60 年党龄了，可以算得上是一名老党员。我可以很真诚地说，入了党以后，人做事情的标准就会发生变化，不管做什么，首先想到的就是党的标准和要求。这个标准不是党强加给你的，而是你自己从内心深处就坚信和认可的。

我虽然年纪很大了，但在生活中依然时刻提醒自己是一名老兵，要维护军队的荣誉，更何况还是一个老党员。就拿我分房子这件事来说，当时我的妻子一个人住，就自觉地选择了较小的一个房子，不贪不占。这个房子朝北，终年晒不上太阳。即便如此，我们也从来没有抱怨过一句。在孩子的教育问题方面，也是从小便树立他们爱国的思想。我的孙子、孙女小的时候，最会唱革命歌曲，有时候我领他们到工厂里玩，他们一开口就唱革命歌曲。为此我的同事们还亲切地笑称他们为"小共产党"。有时候我给他们讲我当兵时候的故事，讲老同志们的光辉历史，他们也很喜欢听。

退休以后，我上了老干部大学，学习时政、书法和摄影等。尽管我现在年纪大了，但是每个月的 18 号，我还是会积极参加组织生活，比如参观中共一大会址等。只是随着年纪的增长，身体越来越不好了，有时感到心有余而力不足。原来参加组织活动的人还很多，现在越来越少，有时候看看过去的老照片，就忍不住掉下眼泪。老同志们现在难得聚会，但只要见面，就会互相鼓励，"咬牙切齿"地下决心，至少坚持到建党一百周年。

在上海生活了这么多年，她的发展总是让我感到惊讶，变化日新月异，目不暇接。常年的部队生活，让我每次回到上海都有一种新鲜感。我没有去过很多地方，但最认可上海的一点是，她在快速发展的同时，没有丢失人与人之间的平等和尊重，也没有失去那种海纳百川、包容万物的精气神。这种精气神是上海文化中固有的特色，更在我们党的领导下积极演进和升华。我们这一代已经老了，但是年轻的一代还要继续将这种精神和文化传承下去，并发扬光大。

我的一生说不上多么伟大，可是我总觉得，人的一生不讲贡献，只讲锻炼。无论是我的军旅生涯还是我的工作经历，都是对个人意志的极大锻炼。无论是作为军人还是作为工人，我都是一个平凡人，没有太多轰轰烈烈的故事，但是我这一辈子都热爱祖国、热爱党。

（采访及整理：武丽媛）

父亲的解放前与我的解放后

讲述人：范天庆
时间：2018 年 4 月 10 日
地点：上海市康平路范天庆家中

范天庆，1950 年出生，曾任上海港口机械制造厂技术员、中国造船总公司第七研究院 726 研究所人事处处长、上海市社会主义学院讲师等职务。其父范征夫，江苏扬州人，1937 年参加革命，1940年参加新四军，曾任苏南第一军分区溧高独立团第二营营长兼教导员、华东野战军供应总站副总站长等职；新中国成立后，历任上海市委办公厅主任、副秘书长，上海市航天局党委副书记，上海市委统战部副部长，上海市政协秘书长等职。

壮志追革命，道阻且长

我的父亲叫范征夫，这个名字是他自己取的，寓意有二，一是援引《诗经·小雅·何草不黄》里的"哀我征夫，独为匪民"，以及汉代郑玄的"征夫，从役者也"，也就是当兵的人。二是我父亲聊以自慰，要做"长征路上大丈夫"，故取名征夫。

我家祖籍在今天的江苏省扬州市邗江区，祖父是当地一位小有名气的中医，开了一家医馆。但凡有病人延医问药，便上门就诊。从小我父亲便被祖父送去私塾识字读书，学习经典，曾辗转多地求学，最远去过江苏新浦（今江苏连云港海州区）。

父亲读书回来后，祖父希望他继承家业，正值 1937 年全面抗战爆发，上海等地大批学生流离逃难到扬州。父亲一心报国，无意祖业，与祖父间隙愈深。在南京回来的大学生卜力夫的建议下，撮合我父亲等人在杨登禄同学家里办起大幅白报纸《抗日壁报》，报道各地军民抗战杀敌战况，宣传国内外重大新闻，发布诗歌散文。后因父亲发表一篇社评，讽刺商贾纸醉金迷的生活，被他们砸了店门家具，迫于祖父压力而停刊。

父亲壮志难酬、请缨无门之际，家乡的陈文发起成立抗日义勇团。陈文曾在 1928 年领导过郎溪农民暴动，具备一定革命经验。父亲看到陈文发布的布告后，义无反顾加入了宣传队，和来自各地的几十名青年学生，排练歌曲、戏目，去临近乡镇张贴抗日标语、散发抗日传单、举行抗日演说。一个多月后，父亲调任到经济委员会工作，在那里听到一位原国民党中央军士兵讲述围剿工农红军失败的故事，国民党兵说"共产党部队英勇作战总是以少胜多，很受百姓爱戴，好似'天兵神将'"。于是父亲心向往之。

　　1938年的秋天，父亲搭乘一艘小木船，穿过沦陷区，历经半个月艰险抵达上海，准备找机会从上海转道前往延安。在上海，因为生活窘迫，为了生存父亲不得不进入上海康元制罐厂做一名小职员。晚上到厂对面的第四中华补习学校补习，企图找到门路去延安求学。在补习学校，他听闻中共中央号召有志青年不要长途跋涉去延安，而是就地组织，办"抗大"式训练班培养干部。于是，父亲打消了去延安的念头，一心研读马列主义理论，等待契机参加苏南新四军。父亲当时最爱看斯诺的《西行漫记》和他夫人海伦·福斯特·斯诺的《续西行漫记》，还仔细阅读了毛泽东的《论持久战》《论新阶段》等著作。

　　1940年秋，父亲和补习学校的一些好友先后加入新四军。我父亲的抗日征程由此正式拉开了帷幕。

苏南新四军，岁月难忘

　　1940年10月，父亲经他好友共产党员杜夫引荐，从上海抵达宜兴闸口镇参加了新四军。参军后，父亲"重操旧业"，他和新四军战地服务团副团长陈立平、田树凡共同创办了《太湖报》。《太湖报》内容上大体分为地方新闻、国内国际新闻、社会评论和副刊四类。紧贴战局发展，如皖南事变后，《太湖报》立即发表了《论皖南事变》的社论。1941 年，锡宜武（即无锡、宜兴、武进）三县行政委员会成立不久，组织上调父亲去工作，他离开后仍坚持为《太湖报》写文章。后《太湖报》与其他报刊合并改名为《苏南报》。

1941 年 10 月到 1942 年 8 月，父亲在丹金武（即丹阳、金坛、武进）办事处和金坛县政府工作。虽然只有短短 10 个月，他却经常回忆，跟我们讲述这段难忘岁月。

父亲调任途中，趁夜偷渡滆湖[①]，与日军巡逻艇擦身而过，全凭船老大机警沉着，避开巡逻艇视线，幸而化险为夷。丹金武地区是苏南大三角地形中的小三角地带，北至丹阳城郊，西北达金坛城郊，东北偎常州城郊。东侧京沪铁路贯穿，两侧丹金公路并驾齐驱，北上是溧武公路。苏南地区抗日民主根据地，自始至终周旋于日伪军和国民党顽固派军队之间，丹金武地区更是三方尖锐摩擦的主战场。该地区交通发达、沟壑纵横，不利于开展游击战，日伪军据点多达 20 个。常州城、丹阳城、金坛城里驻扎的日军配有宪兵队、特工队，所属日本侵华部队第十三军团。此外还有伪军第九师、第十一师等。他们经常分进合击，"扫荡"新四军的根据地。父亲曾于 1941 年冬参加四十七团夜袭导墅桥敌伪据点的战斗。但由于准备不充分，未能攻克据点。次年 3 月 4 日，四十七团袭击直溪桥据点，大获成功。

这期间，父亲曾亲自佩刀上阵，暗杀珥陵[②]敌伪据点特工队长窦德

---

① 滆湖，俗称筛子湖，亦称西滆湖，西滆沙子湖和西太湖，位于武进西南部与宜兴东北部间，为武进和宜兴共享，是苏南地区仅次于太湖的第二大湖泊。
② 珥陵，丹阳市下辖镇，位于丹阳市南郊。

胜。窦德胜，绰号"窦黑皮"，充当日军鹰犬，为虎作伥，还假借"通新四军"名义，敲诈商贾百姓。新四军决定拿他开刀。军事科副科长朱福坤挂帅，率领我父亲等 10 多人深入敌占区。一行人摸到窦德胜的住处，朱科长还跟父亲开玩笑："范秘书敢不敢和我们一起进去？"父亲不甘示弱："有何不敢？"父亲他们翻过墙头，从后门抄入窦宅，将其击毙在吸食鸦片的床上。此事不仅让当地百姓额手称快、弹冠相庆，而且使一些伪军头目惶惶不安，纷纷与新四军谈条件，不敢再对日军死心塌地。

1942 年初，短枪队曾捕获珥陵伪军营长陆和裕的"密探"一名。县政府迫于敌伪"扫荡"形势，欲将其处决。行刑时，他大喊"冤枉"，并求会计郭耘民说情，要求见我父亲。他向我父亲陈情，名字叫"刘承汉"，是一名私塾先生，与陆和裕是亲戚，但并没有当过密探。于是父亲找到拘捕他的队员打听虚实，发现并无证据可考。父亲当即和党团同志商量，最后决定将他留下来考察，放在秘书室做些抄写工作。刘承汉表现良好，正式担任秘书室文书。后派其去珥陵陆和裕处做敌伪军工作，成绩突出，曾冒险送回敌伪布防图和人员武器表。抗战胜利后，刘承汉留在情报部门工作。"文革"中我家被关押，他还亲自来看望我父亲，并送我们兄弟几个每人一枚毛主席像章。

当时国民党顽固派丹阳县县长陈克之、金坛县县长蒋兆藩，常与新四军作对。这些人拥有一批快慢机[①] 和冲锋枪，又广收门徒作为眼

---

① 快慢机是二战期间毛瑟 M1932 冲锋手枪在中国的别称。

线，在附近杀害新四军基层干部。1942年春，他们勾结"忠义救国军"第一纵队黄立忠部队，大肆进犯里庄桥一带。5月，十六旅参谋长张开荆指挥反击，并且获胜，"忠救军"后撤数华里。不料夜间，"忠救军"全面反扑。父亲他们措手不及，退至里庄桥一带。次日，父亲和专员朱春苑等人一起行动，安全撤离。7月，"忠救军"在陆笪里被四十六团击溃。

1942年5月17日傍晚，大雨滂沱，父亲在外宿营，接到紧急通知，说驻常州飞机场的汪伪航空警卫营营长顾济民当夜率部反正，副区长周永健已失去联络，区大队只有七八条老套筒枪，力量单薄，请县政府火速派部队接应。父亲急忙派人给主力部队四十七团送信，请他们赶快增援。

父亲一行人风雨兼程，跑步三个小时找到负责这次接应行动的鲁毅同志。鲁毅一见到我父亲，高兴地说："你们来了，我的心就定了。"他向父亲讲述了顾济民要求反正的经过。原来此人虽效力于汪伪政府，但仍有民族正义感，不甘心做日军奴隶，加之与南京伪航空总署间隙难补，埋怨南京伪航空总署几个月不发军饷。他妻子周素英常劝他弃暗投明。他又曾接触过我父亲的部下庄兆林，对共产党和新四军印象很好。南京伪航空总署要将他革职查办，更坚定了他投奔新四军的决心，于是携带家眷，与几个连长商议后，决定17日晚起义。

18日清晨，父亲和鲁区长在东岗村外盼来顾济民队伍，队伍中有两副担架，分别抬着顾济民和他的妻子周素英，后面跟着一批挑夫，挑着大大小小的包裹、行李。我方为防止返回途中遭遇日军围歼扫荡，派出各乡游击小组到常州等据点附近监视敌人动态。同时航空警卫营反正的行军路线是由常州向南，再折往西北，转到溧武公路附近隐蔽，暂时迷惑住了敌人。他们以为航空警卫营到南边投奔太滆地区的新四军了。下午3时，航空警卫营全体人员携带武器在村东面打谷场集合，排列整齐，军纪严明，有官兵200多人，步枪200多支、轻机枪4挺、掷弹筒4个，步枪都是中正式的新枪，上面印有"和平建国"和"金陵兵工厂造"字样。18日夜里，父亲和鲁毅同志护送航空警卫营安全到达了金坛县政府及新四军十六旅四十七团团部的驻地。

1943年下半年，国际形势急剧变化，苏联红军和太平洋战场的美军开始扭转战局，发动反攻。国内江南战场上的日军为扭转颓势，是年9月30日纠集3 000余兵力进攻苏浙皖国民党统治区。3天内占领广德、郎溪等四城，国民党军队不加抵抗，溃不成军。新四军第六师十六旅于10月初光复溧阳、溧水广大农村，打击了日军嚣张气焰。而后在溧高战役中，新四军连连攻克日伪据点，全歼守敌，缴获大批武器装备。在这些收复县区，新四军先后成立抗日民主政权，与茅山游击根据地连成一片。

1943年11月下旬，父亲奉命到高淳县安兴区工作，负责开辟根据地。父亲赤手空拳建立区政府，首要任务是建立一支地方军队，于是召集各乡乡长开会，要求上缴国民党遗留的枪支，违者依法处理，愿意参加新四军的人也可由各乡保送。会后不过几天，桠溪镇镇长史良栋率先送来人和枪。之后各乡也陆陆续续共送来破枪六七支、国民党散兵游勇十余人。在这样艰苦恶劣的环境下，父亲成立了安兴区区大队。

大队成立后，他以走山冈串村户的形式，又动员一批河南籍贫雇农当兵，改善部队成分，一个月内将区大队发展到20多人。其中永宁乡一个小和尚叫孔凡玉，刚16岁，活泼机灵，聪颖过人，我父亲挑选他当通讯员。孔凡玉作战英勇，群众关系处理也活络，对开展工作很有帮助。

之后，父亲又联合这些新战士开展了有的放矢的收枪行动。有的是向地主、富农写下欠条，勉强拿来的。对于一些顽固乡绅，只好斗智斗勇，软硬皆施，迫使其就范。

有一个大地主，过去与国民党军队上层往来频繁，后又与日军来往，窝藏17支枪。父亲带领通讯员孔凡玉连夜登门。这大地主先佯装毕恭毕敬，不断奉茶敬烟，旁敲侧击我父亲的来意。晚饭后父亲单刀直入，谈判枪支问题。他推说只有破枪3支，用来防御匪贼。父亲再三逼迫，他又拿出一支簇新的马枪、两支步枪和一百发子弹来。父亲又对他宣明大义，要他协助抗日。他连忙狡辩，赌咒发誓，自己从未和敌伪来往，也没有其他枪支。父亲审视他许久，见他心虚，眼神游移不定，突然指着牛棚，盘问："这里面藏着什么东西？"他措手不及，赶忙辩解："我该死，我记性真坏。这是人家寄放我这儿的5支新枪，如果区长需要，我愿意献出。"便叫人起出枪支弹药。父亲又问："陈先生，国民党临走前给你的一批新的中正式步枪现在存放何处？"他如遭晴天霹雳，慌忙谢罪："区长不要相信外人传言，我与国民党毫无来往，他们从未给我步枪。"此时庄丁来报，有一批武装部队进庄。地主大惊失色，浑身战栗，全家人又哭又叫为他求情。父亲顺着话说："那你们把房间夹墙里枪支交出来吧。"父亲连藏枪地点都清楚，他只得乖乖缴枪。

有了这批新枪，区大队战士情绪高涨，连打几回胜仗。父亲又在安兴区做统战工作，对当地的一批退伍退职的国民党官吏做工作，力求统一抗日。比如吴建东在大革命时期曾担任孙中山先生的秘书，资历老道，和陈毅交情匪浅。当时特别强调苏南实行减租减息政策，要让他彻底理解同意，带头减租减息，从而带动周围大大小小的地主。经过四个多月的工作，安兴区普遍实行了减租减息，各乡组织了农会，发展了数十名党员，有些还建立了党支部。

在这一基础上，父亲着手改造保甲制度，建立我方掌握的新政权，一是重新划分乡界，二是实行"三三制"，改善抗日民主政权组织的成分构成。1944年，溧水县和高淳县合并，改名溧高县。父亲全面执行党对待道会门的政策，成功引导大刀会联合抗日。花墙门战斗，新四军联合大刀会各首领与当地群众主动出击，先把村中老弱妇孺撤到北边村庄后，再将日军成功困在村里。父亲他们分散游击，施放排枪、冷枪阻挠敌人。敌人试图进犯，我方则冲锋向前。敌军抵挡不住，开始溃散，遭到大刀会和游击队共同伏击。我方前后夹击，大败日军，活捉日军机枪手，缴获了一挺三八式机枪。游击队和大刀会呐喊着从四面八方冲向敌群，我父亲带领区大队战士、千余民兵和大刀会成员穷追猛打，端了敌人的老巢，烧毁碉堡两座，打死十余名日伪军，缴获武器弹药若干。花墙门战斗被延安新华社做了长篇报道，认为这是提高武装建设、吸收先进党员的成功实践。

1945年8月，父亲在苏南溧高县工作，担任中共强埠区区委书记兼区长、区大队长，亲身经历了抗日战争胜利的历史性时刻。8月

15日晚，传来日本无条件投降的特大喜讯，就在军民庆祝抗战胜利的狂欢中，忽报日伪军下乡"扫荡"。当时强埠区区委、区人民政府正在汤家桥召开一万多人的庆祝胜利大会。父亲讲话刚毕，有人送信来说，南京派遣的一股日伪军妄图夹击第一纵队的指挥机关。信上又说，日本正式宣布投降，要广为动员，到处张贴标语，宣传日军投降的好消息。

16日，父亲带人在村镇大街小巷贴满了关于日军投降的大字标语。17日凌晨，一批日军进到村镇，看到墙上红红绿绿的大标语，得知日本已正式宣布无条件投降，大惊失色，有的捶胸大哭，有的要切腹自杀，有的呆若木鸡，犹如丧家之犬，向溧阳逃窜。中国人民的力量是不可阻挡的，最后以排山倒海之势，歼灭了苏南大部分地区的日伪军，取得了抗战胜利。

解放全中国，苦尽甘来

1946年，父亲在华中野战军第八纵队七十二团工作。华中局干部科要父亲到华中局财委，将利丰总公司的一批干部撤到山东，继续开展营业活动，支援部队军需物资。当时我父母刚刚结婚。

1948年，父母亲奉命到华东局党校学习，后党校停办，去往山东省五莲县参加土改和整党工作。起初解放军带刀带枪，老乡们都躲之不及，张鼎丞司令对群众工作很有经验，对我父亲说："你们这装束，还带了警卫、枪支，是来发动群众还是吓唬群众呀？"卸下行头后，老乡还是不愿意接近他们，绝口不提村中干部情况。父母为弄清原委，亲自为房东铜匠一家打水、扫地、烧火、干杂活。房东见他们如此热情，才向他们吐露心声，说以前土改来的干部都被上级"搬石头"弄掉了，还开了村民大会进行批判斗争，现在都不愿意做干部了。父亲将情况如实汇报，不久中共五莲县委召开扩大会议，传达了任弼时同志发表的《土地改革中的几个问题》的讲话，很快落实了组织方针。

县委扩大会议后，父亲被指定为常山区郝戈庄乡工作组组长，上任后整顿"搬石头"现象。父亲求贤若渴，得知群众对原常山区副区长王山印象最好。王山一贯接近群众，办事公道，可土改前因做过小买卖被曲解为"成分不好"，被"搬石头"回家。父亲借鉴刘备三顾茅庐，三请王山出山。第一次拜访他，说明情况，他以家里孩子还小，不能没有男人干活的借口婉言谢绝。

第二次，父亲苦口婆心地说，这一切都是为了打败老蒋，让穷人过上好日子。王山的妻子以"成分不好，请饶了他"为由拒绝了。第三次，父亲趁王山妻子外出，独自拜访，着重说明县委对之前的工作已做了总结、吸取了教训，希望他早日出来工作。王山闻此，已基本同意。这时他妻子刚巧回来，父亲又笑着向她解释党的干部政策，和他家孩子打趣说笑，缓和气氛。晚上，王山夫妻留父亲吃地瓜。饭后，王山妻子虽仍不松口，但态度已缓和许多。父亲对他妻子说："百姓们都夸王山工作积极负责，这样的好同志不当区长让谁当？要是让坏人掌权，我们穷人能过上好日子吗？"王山妻子这才说："千万不能让坏人掌权，领导信得过王山，就让他出去为穷人办

范征夫先生

事吧。"王山妻子这番顾全大局，感动得父亲热泪盈眶。王山复职的消息一出，不胫而走，传遍常山区。父亲"三顾茅庐"请王山的故事也成为当地一段佳话。

1949年4月21日夜，百万大军横渡长江，彻底粉碎了国民党"长江天堑不可逾越"的神话。5月28日，正式举行了接管国民党上海市政府的仪式。紧接着，南下干部与上海地下党组织党员、积极分子亲切会师，共15 000人。随后接收上海市区旧机关以及有关单位共281 918人。1949年10月1日，新中国正式成立。我的父母与亿万同胞一起，经历战火洗礼终于苦尽甘来，迎来新中国、新未来。从此，父母定居上海，在上海生下我们兄弟4人。

求学生涯，砥砺少年郎

我生于1950年，恰逢全国解放，街道横幅上写着"全国解放，普天同庆"，父亲为我取其中两个字，名唤"天庆"。因我们家的革命传统，二弟叫"卫平"，响应抗美援朝，保卫和平；三弟叫"建平"，响应第一个五年计划，建设和平；小弟最小，名唤"小平"。

我出生在徐汇区巨鹿路空军招待所旁边一栋袖珍的西式建筑，那时候徐汇区还是一片荒烟蔓草，人迹罕至。1961 年，我家从市委办公厅驻地搬出来。上海市委办公厅原址是法租界历史上著名的爱棠大院，因在康平路上，民间俗称康办。我们家迁出市委办公厅，还有一段故事。父亲原来的老战友，东北哈尔滨军部司令员和安徽军部的一位司令员来上海看望我父亲。可是他们进不了康办，需要审查，顿时火冒三丈，打电话联系父亲："老范，你架子很大，现在见你一面都不容易。"父亲是个读书人，甚是清高，被老战友奚落两句脸上挂不住，不久就搬出了康办，搬到了康平路上的黄园[①]。

我们从小受父亲影响，学写毛笔字。我五六岁的时候，母亲买来最便宜的短毫，让我在毛边纸上涂鸦。隆冬时节，天寒地冻，天还没亮便被叫醒写字。父亲在毛边纸上写出模板样张，我们临摹。每天写三四张，约六十字，写完后他逐一检查，对满意的笔迹用红笔批阅圈点，每满五个圈发糖作为奖励，如果没有达到五个，也会简单训诫两句。因此我的字从小学开始便作为优秀作品展出。

我在南洋模范中学就读时，有一次回到小学念的学校高安路第一小学，班主任抱怨现在小孩写字不如从前努力，邀我为她写一份小楷

---

① 上海康平路黄园，是由时任真如黄氏畜植场场长的黄德邻于 1939—1941 年设计建造的私人庭园，同时兼作真如黄氏畜植场在上海的分场。

挂在教室里以匡学风。而我最佩服的是后来在工厂里认识的两位二十几岁的小伙子，酷爱写字，废寝忘食。之后才了解到，原来他们是大书法家沈尹默的徒弟，每天练习需要写几百张纸头。

上学时我最大爱好就是组装收音机。新中国刚成立时，能拥有收音机的家庭凤毛麟角，我们家就有一台。家里听闻我对收音机表现出极大兴趣，母亲深表支持，常给我零花钱买零件。这些零件里最重要的是一颗小巧特殊矿石，4分钱一颗，用来检波①，将收集来的电流分为几股，再将需要的电流分流出来。往后，好一些的矿石是0.18元一个，已经具备相当精密的结构，类似灯管装置，矿石镶嵌在里边，我拿根铜丝触碰它，可以调节灵敏度，耳朵凑近依靠听觉判断出最佳收音点。选台则需要另一个零件——双联开关。该装置核心是两个金属铝片，一个固定不动，一个可以调拨，以调节频道。此外还有电阻、耳机等六七种零件。

上中学的时候，全上海所有的电子机械业余爱好者都会去牛庄路淘零件。那是上海唯一一个可以买到电子零件的地方，有好几百家商铺，物美价廉。无线电在60年代已然成为一种风尚潮流，整座上海市起码拥有十几万的追捧者。到1963年，中国工业化程度显著提高，二极管、三极管在市面上已十分普遍。

写毛笔字、爱好机械组装，这些就像缘分一样，在我往后的人生岁月、工作历程中，不断地出现陪伴着我。

---

① 检波，将音频信号或视频信号从高频信号（无线电波）中分离出来叫解调，幅度调制的解调简称检波，其作用是从幅度调制波中不失真地检出调制信号来。

1965 年 10 月份，学校紧急召集干部子女军训。当年远在台湾的蒋介石正策划全面反攻大陆的"国光计划"。上级领导或许认为我们这些住在康平路的干部子女血统忠诚、成分可靠，集结成团突击军训，以作为抗衡手段。我们被带往大场机场，军训强度很大，艰苦严酷。大场机场当时除了作为军用飞机停栖地外，还是威名显赫的南京路上好八连的驻地。这些飞机都是苏联制战斗机米格 15 和米格 17，约莫两三百架。每天晚上十一二点，防空警报拉响，紧急集合。我们正值长身体的年纪，每晚酣睡正香，忽被震耳欲聋的警报声惊醒，像弹簧似的蹦起来，摸黑打背包，实地演练。平日里训练全套刺刀，对刺训练和四套组合训练。教官发号命令："预备用枪，一步前进刺，二步前进刺，三步连续刺。""预备"拖得很长，余下三声掷地有声。教官要求我们发出的声音，在空旷的操场上会令听到的人受到极大的惊吓，汗毛战栗。

在部队里，衣食就简，有时候穿便携的单薄军装，有时候穿自己带来的衣服，经常饿得眼冒金星，每顿饭菜只有水煮青菜。每逢周六改善伙食，一大锅青菜里放几片如指甲盖大小的豆腐，偶尔还会放些肉丝。

尽管生活条件艰苦，训练严酷，每天早上 6 点军号就催促我们起床，但我的心里仍觉得当兵是件开心快乐的事，内心无比振奋。每次去打枪，我都会提着小菜篮去捡子弹壳。手枪的子弹壳是铜做的。我小心翼翼逐个拾回来，将每个子弹壳擦得锃亮光滑，一溜排摆放在窗台上，像是欣赏艺术品似的。我们吕营长见状，披着军大衣走过来摸我头，开玩笑般点评两句："小范啊，这子弹壳擦得不错嘛。"

我们曾经急行军，从大场镇跑到上海西郊哈密路，总路程不下 30千米。我们小士兵抗木枪，军官则实弹荷枪，到了哈密路便拉警报。

军训了 3 个月，我因为食物过敏被送回家，但这段记忆却永生难忘。1966 年，我从南洋模范中学毕业，不久跟随广大知青上山下乡去了。

大丰农场收获一生情

1968 年 11 月 18 日，为了响应毛主席最新指示——"知识青年上山下乡"的号召，我和上海市第一批知青共计 4 000 人，外加 1 500名中专技校毕业生，前往江苏大丰农场插队。大丰农场是我们民间俗称，官方称为上海市劳改局上海农场，地处江苏省盐城市大丰区，属于上海的"飞地"①。上海市前前后后共计 8 万人去往大丰农场。

在大丰农场主要就是务农。农场主要的作物是水稻和棉花，各有160 公顷。我们一些干部子女隶属于武器连队编制，当时为了稳定各地农场形势，中央军委下达指令，对每个农场实行军事管制，说是为了学习解放军，每个连队安插一支武器连队，但并不是正规部队。比如我们的连队就是大丰农场庆丰分厂第二生产队。

---

① 飞地，一种特殊的人文地理现象，指隶属于某一行政区管辖但不与本区毗连的土地。通俗地讲，如果某一行政主体拥有一块飞地，那么它无法取道自己的行政区域到达该地，只能"飞"过其他行政主体的属地，才能到达自己的飞地。

　　我们都是生在上海、长在上海的学生，不懂如何种地。于是上级派遣了上海郊区的老农和当地的犯人作为技术指导员，教授我们如何插秧施肥。我的心情十分复杂，一方面虽然这里工作艰苦卓绝，但这里毕竟还算是上海。另一方面，自己在城里生活近 20 年，从来没见过农村风光，从未在田间耕作，既惊奇又兴奋。最重要的是，我和我的太太便是在这里相识相恋。

　　连队组成一支小分队，排练样板戏《智取威虎山》，我是文艺小分队副队长，负责演少剑波，而我太太是队长。分队里多是来自徐汇区、黄浦区的学生，里面卧虎藏龙，一些人对二胡、胡琴、小铃这些乐器可谓是信手拈来。大家平常在一起排戏，商量工作，久而久之便熟悉了，无话不说。刚开始，我太太对我冷眼相待。我这人眼神逼人，又爱读书，不常与人闲聊。在她心目中，我很是严肃古板，开会的时候对我侧目而视。

　　在上海时应父亲要求我曾看过许多马列主义书籍，有一次农场里开会辩论我援引马克思、恩格斯原话加以驳斥对方。我太太就瞪我，心里很不服气，我偷偷递给她一张纸条，上面写着："一个有觉悟的工人，不管他来到哪个国家，不管命运把他抛到哪里，他都可以凭着《国际歌》的熟悉曲调，给自己找到同志和朋友。"言下之意是，我是学过马克思主义的，你不要小看我。她看到之后，知晓这是列宁评价《国际歌》的话，没想到我竟然可以背诵下来。她觉得我这个书呆子还是有些学问的，从此对我刮目相看。

　　自那以后，我们开会时候时常互相递纸条，当时我才 19 岁，对于儿女情长像个傻子似的一窍不通。纸条往来愈加频繁，但大多数都

大丰农场时期范天庆和爱
人的照片

在探讨革命。我太太总是告诫、训斥我，要学习马克思和燕妮纯真的
革命爱情，不要学习资产阶级那种卿卿我我。慢慢地，我们在信中开
始各自介绍家庭情况和个人经历，愈发亲密。

　　现在回大丰农场，那些老同事还笑我们："老范，当时你和你太
太经常去河边防空林里亲热啊。"大丰农场周遭都是广袤无垠的田野，
只有河边堤岸和田野的沟渠上种植了一片小小的防空林。现在有时候
梦醒时分，还想再回到那里去，独自一人回想起来，不禁潸然泪下。

多情甘为孺子牛

　　1973 年 4 月份，我从大丰农场回到上海，在上海港口机械制造
厂做工人。上海港口机械制造厂是交通部直属的工厂，专门制造港口
机械，如码头的重型吊车。当年只有上海港口机械制造厂、大连宏济
造船厂等三家工厂可以制造。1973 年，国家还非常落后，根本没有

沿海开放意识，港口的重型吊车只是配备了少量。

我们厂大概有 4 000 多人，规模较大，还有船坞，原先是一个外国资本家遗留的船厂。除了制造港口机械外，我们也负责维修军舰，此外还生产叉车、履带吊、吊车、铲车等。我们生产的装备除了国内自用还出口。

最开始我在金属结构车间工作，主要是将大块的铁板根据需要裁剪拼装成合适的配件，比方说港机就是一片片钢材拼装而成的。因我写字好看，还在厂里从事宣传工作，出黑板报，久而久之学会了写美术字。我处处留意外面的标牌，属于黑体字或者何种美术字类型，用什么样的工具写出。当时油画笔比较贵，笔头扁平，售价就要 30 块钱，一般人买不起，一个工厂只配有一套。

在此期间，厂里发生了一起事故，牺牲了一位劳动模范。当时港机已经装备完毕，他仍不放心，要求工人将吊车吊起来，头探进去看一下里面各个零件是否啮合完好。港机维持转动必须凭借港机头顶的大转盘，它是由上齿轮和下齿轮揿合制动的。在他刚探进去的刹那间，头顶钢绳断裂，如同房间大小的齿轮轰然掉落，砸了下来，他整个人陷进齿轮的牙齿里。

其实早在 1975 年，我们已经研发出最先进的无线电遥控铲车，并制造出等比例模型，可以搬运危险物品和卸载高空物品，确保工人安全。可惜这个创意被港务局回绝了。我们一行满怀期待地跑去港务局，港务局局长却对我说："老范，车子是很不错，但是如果制造出来的话，铲车司机不得全部下岗了么？那些司机工人到哪里吃饭去呢？"可见当时还没有市场经济的思维。

我在上海港口机械制造厂工作了 6 年，最后两年被厂里抽调出去读"七二一大学"①。我和同学们都十分刻苦，天天夜不归宿，在学校里搞技术革新，研发铲车，研究零件的适应性和契合度。我们安装碾磨机，加工液压马达所需的核心部件，精度已经达到一两丝，一丝是毫米的百分之一，就是十微米。

最有意思的是帮厂里制造全自动饺子机。当时全上海只有南京路中央商场一家国有企业里有一台从日本引进的全自动饺子机。我们便带上仪器去往中央商场，测绘那台机器，回来后画出图纸。我父亲彼时是上钢二厂党委副书记，饺子机的核心零件——不锈钢铰刀，结构精密，只有他们厂才有这项技术。我们厂出资 60 元，我托我父亲关系去宝钢买了一块不锈钢胚——这东西一般不外售。万事俱备，凭借大学里学习的丰富知识以及实际操作能力，我们研制出了属于中国人的全自动饺子机。

1979 年，已经身为技术员的我被调到海军系统下属的中国造船总公司第七研究院 726 研究所。上海一共有 704（海军军舰舰艇）、708（特种舰船）、711（潜艇柴油机研究所，和瑞典合作）、726（潜艇）四个海军研究所，一般人只知道前三个。进去之后，领导找我谈话："老范，你看我们这边全都是清华、北大的学生，你就搞搞管理

① 1975 年 6 月，教育部在上海召开全国"七二一"工人大学教育革命经验交流会。会后，"七二一大学"在全国获得了突飞猛进的发展。据《中国教育年鉴》数据显示，至 1976 年底，全国共有"七二一大学"33 374 所，学生 148.5 万人，是同期普通高校学生人数的 3 倍之多。

嘛。"我便做了人事处处长，管理所里 400 多个高级工程师和其他编制人员，负责全所的人员组织编制、薪酬管理、劳动管理制度、安全生产等。

1988 年，我离开海军系统，调到上海市委统战部下属一个民主党派党校——上海市社会主义学院，主要做理论研究和给民主党派人士上课，直至退休。

90 年代，一些组织委托我在上海寻找中国残留孤儿①。当年日军入侵租界，大批日本人涌入上海。战争结束后，有两个孤儿无家可归，上海有一个好心的老人领养了这两个孩子，并抚养长大。"文革"期间他们返回日本，中日建交后，这两个人回想起老人的养育之恩，便委托一个日本机构跟中方交涉，之后联络上我为他们寻觅，可惜当我们找到这位老人时，她已去世 3 个月。

退休后，我仍然勠力于帮助残留孤儿寻亲。此外，我还在人民日报、中日论坛上发表文章，坚持从毛主席、周总理所提出的中日友好路线出发，发布各种中日友好活动资讯。我很早就学会上网，流连于各种论坛，并以"大丰哥"的昵称发布一些促进中日友好和自己的回忆文章。希望我们这一代人还可以老有所用，老有所为，为国家民族贡献一分力量。

（采访及整理：周鑫宇）

---

① 中国残留孤儿是一个特殊群体。这个称呼来源于日语，是指第二次世界大战后，日本人遗留在中国的日本孤儿。他们有的是父母在战争中双亡，有的是在战争中与父母走散。

书香世家的传承与记忆

讲述人：储复耘

时间：2018 年 1 月 17 日

地点：上海市黄浦区储复耘家中

储复耘，1933 年出生，祖籍江苏宜兴。1958 年毕业于北京外国语学院（现北京外国语大学），毕业后先后任职于新华社、译文出版社、市委五七干校、东方红轴承厂等。1972 年任教于复旦大学国际政治系，直至 1993 年退休。

我的书香世家

我生于 1933 年农历九月初九，祖籍江苏宜兴。抗日战争爆发那年宜兴被炸成一片废墟，因此我们一家人逃难至苏州，后又来到上海。之后我在上海生活了大半辈子，也算得上是半个上海人。

我出生几个月后，父去就去世了。我有三个姐姐，目前只有三姐在世，她生于 1924 年，也住在上海。我爱人年轻的时候一直在部队里，所以我们经常两地分居。直到 1978 年，他因为心脏病身体不好，早早退休回家，我们才结束分居生活，团聚在一起。我有两个儿子，现在和大儿子生活在一起，小儿子一家在澳大利亚墨尔本。

我毕业于北京外国语学院（现北京外国语大学），两个儿子也都是大学本科学历，大儿子毕业于华东理工大学，小儿子毕业于复旦大学，复旦大学也是我曾经任教的学校。我的孙辈们也都是大学毕业。我家可以说是知识分子家庭，在我的家乡宜兴大家都很崇尚读书，即使家里穷也很注重孩子的教育。

父母亲都出身于书香门第，母亲曾经读过师范学校。我还笑过她："你小脚还读什么书呢？"从这里就可以知道那时宜兴是很崇尚读书的。中央电视台曾经做过一个节目叫《百名教授故乡》，有一期节目讲的就是我的家乡宜兴是如何重视教育、崇尚读书的。正因为宜兴有这样一个重视读书的传统，所以从宜兴出来的名人贤士很多，比如画家徐悲鸿、曾任联合国副秘书长的沙祖康等等。

这样的传统对我的家庭也有深远影响。父亲去世得早，母亲又因

储复耘全家福

为一些原因不能工作，所以我的姐姐们为了维持生计很小就出来工作。但即使如此，她们在工作之余还抽出时间去读了夜校，后来都取得不错的成绩。比如我大姐毕业于上海的立信会计学院。

我结婚生子之后，对孩子的教育也抓得比较紧。孩子还很小的时候我就教育他们一要好好念书、好好做功课，此外要诚实做人、不能说谎。我两个儿子读书的时候正值"文化大革命"，那个时候有些人宣扬"读书无用论"。即使在这样的大环境下我也经常教育他们"你就是将来修地球也要有文化"，没有让孩子们受到当时那种风气的影响。

后来恢复高考那一年，大儿子那个年龄段刚好可以去参加考试，我就督促他去考大学。因为他有一定的基础，所以比较顺利地考上大学。此外还有小儿子去澳大利亚留学一事，其实那时他已经在复旦大学数学系工作了。但是改革开放后出国潮兴起，年轻人都想出国，所以他也想去。我想年轻人出去闯闯也行，就让他去了。那个时候家里没多少钱，交学费都是问题，我们东借西借才凑够了他第一学期的学费。到了澳大利亚，他开始打工挣钱养活自己，每次打电话回来总会说："你们放心，借的钱我总会想办法还的。"最后借的钱真的是他自己还的，之后他就定居在澳大利亚。小儿子出国之前就已经结婚，爱人也是复旦大学的，还是他大学同学，后来也跟着去了澳大利亚。至此两个人才算安定下来。

青葱岁月的红色记忆

　　我是在同济大学附属中学读的高中，那时我们学校的学生运动轰轰烈烈，相当丰富，号称上海的"民主堡垒"。1948 年 1 月 29 日，同济大学发生了"一·二九"事件，那时我正读高一。年轻时胸中总是充满一腔热血，我参加过不少学生运动，也受过一些伤、住过医院，还被学校记过处分。

　　当时我和地下党的同志接触比较多，他们会给我看一些解放区的报道，所以对解放军有一种向往。后来上高三时有几个同学被学校开除了，于是地下党准备把他们送到解放区去。这件事是那几个同学向我告别时讲的，我很坚定地想跟着他们一起去。他们拗不过我，就帮我申请，最后成功了，我就跟着几位同学一起前往解放区。

　　我是从上海偷偷跑出去的，还换了身份证，改名换姓后才从上海跑到安徽大别山根据地。我们先从上海到南京，再到芜湖，又从芜湖乘船到无为县的一个码头。那里已经属于游击区了，后来我在半途上了岸，最后辗转到解放区。

那时国民党和共产党还处于拉锯状态，所以我们通常两三天就要换一个地方，居无定所，从早到晚都在行军。我们先是在皖西军区四分区，后来又到了位于大别山腹地的皖西军区军部区，它属于二野部队。当时二野的司令是刘伯承，政委是邓小平。

我们到了军区首先是学习，结束之后被分配到三兵团文工团。再后来我们一起渡江到了芜湖，那时候我们正打算进军西南，到四川去。但就在部队开拔前两三个星期，我突然生病发高烧，病情比较严重，不得不住进医院。那个时候领导对从京沪杭过来的学生非常重视，兵团的司令陈锡联对我们就非常亲切。部队考虑到我们是从大城市来的，还是知识分子，因为信任共产党才不远万里跑来参加解放军。因此上级领导对我们十分好，很不舍得我们掉队。

兵团的宣传部长听说我这个才十六七岁的孩子生病住院后，亲自到医院说要把我带走，跟着部队一起走。但是医生不同意，因为那时我发烧已经高达 40 度，而且已经连续发烧两个礼拜！领导还不知道我病情的严重性，只说"她现在生着病就让她坐汽车走"，很坚定地要带我走，最后医生没办法只好同意第二天来接人。但人算不如天算，就在那天晚上我的病情又加重了，大便出血。第二天来接人时，医生就跟领导说："你看她昨天晚上拉成这样，怎么走呀，万一路上再出点事？"领导觉得这倒也是个问题，就没敢带我走，但在临走前给我留了几块银元。后来每当想到我一个从上海跑去的中学生，没什么背景，即使生病还能得到领导这样亲切的关怀，觉得十分感动！可以说在部队中发生了许多让我感动的事，这些事到现在我都不能忘怀。

之后我一直在医院养病，没多久家人把我接回上海。据上海的医生诊断，我这病是风湿性关节炎引起的关节变形所致，后来就留在上海进行治疗。病好之后，部队不同意我去西南，因为重庆山多、雾多，出门就需要爬山、爬坡，气候也很潮湿，怕我的身体吃不消，所以我始终没能跟着大部队去西南。

1950 年，三十三军九十八师来上海了，我听说后就拿着介绍信去找他们。那封信是当初回上海养病时，部队给我开的介绍信。我拿着信到九十八师，说："我的部队现在在四川，但我去不了，能不能来你们这里？"他们看过信后就接纳了。我加入九十八师后被分配到了秘书科，直到 1952 年三十三军改成了公安军。

后来公安军要挑选一批年轻的同志培养他们学习外语，将来再派到边防检查站工作。很幸运我被选中了，被派到北京去学外语，学习了两年多之后我选择返回上海原部队。那时候部队开始学习苏联的做法，即"部队不要女同志，女同志要转业"。在这种情况下，1955 年时我就转到了复旦大学团委工作。说实话，我真正在部队工作的时间是很短的，也就五六年时间。

1956 年中央号召"向科学进军"，鼓励有条件的地方上的青年都去报考大学。那年我 23 岁，响应号召报名参加了高考，填的志愿是上海外国语学院，最后被录取了，但专业是俄语。在大学读了一个月后，原先我在北京外国语学院学习时的老师找到上海外国语学院商量，说我曾在团委工作过，并且在英语学习方面也有不错的潜力，希望我能继续把英语学下去。最后上海外国语学院同意了，我就转到北京外国语学院继续学习英语。

1958 年毕业后，我被分到北京新华社工作。后来考虑到我已经结婚，爱人和孩子在上海，只有我一人在北京，我就想回上海和家人团聚，但是新华社里的领导不同意，于是就在那里工作了三年，直等到 1961 年我才回上海。回到上海后，我在译文出版社工作，之后又调去科委。

1969 年我被分配到位于奉贤区的上海市直属机关干校。在那里我们常常是白天劳动，晚上学习，学习的形式一般是读读报纸，发表一些自己的观点，类似于小组讨论。在干校待了一段时间又赶上国家提出"四个面向"，即面向边疆、面向工矿、面向农村、面向基层，为此干校开展"四个面向"的宣传，于是干校里的人走了一部分。

这之后上级又提出"战高温"，所谓"战高温"，就是到温度高的地方去工作。比如说鼓励干部们去支援工厂建设，于是我们积极响应这个号召到工厂去，我被分配到上海东方红轴承厂。但是轴承厂车间不要女同志，最后我辗转去了厨房做炊事员。那段时间我跟食堂做饭师傅们的关系不错，我主要就是洗碗、洗菜、扫地、做馒头，另外做些杂活儿。

在轴承厂待了一段时间后，市里要选择一部分学过外语的人去翻译丁伟的档案，让我们这些正参加劳动的人进行登记，我也去登记报名。这时复旦大学发生了一件事：有人认为外事事件的发生证明了是资产阶级在一统天下，所以他们要"掺沙子"，要派一些工人去外交部门工作，要求复旦大学国际政治系办一个"外语培训班"，抽调工厂里的人来学习外语。复旦大学说办这个班可以，但是得给班里选拔一些老师，上面同意了。于是在原先登记在册的名单里挑人，机缘巧合我被挑中，我当然是愿意去复旦大学任教的。此前我就在复旦大学团委工作过，对复旦大学的印象一直都很不错。1972年我被正式抽调到复旦大学，此后到1993年退休一直在国际政治系教英语。

我有过很多工作经历，其中最喜欢的是在新华社的那份工作。我觉得这份工作一是跟我所学的专业很符合，工作中需要较好的外语水平；二是和我的个性也很符合，因为新华社工作要求短、明、快，脑子要快，手脚要快，我自认为我的个性就是简明爽快的。

记得当时周总理一行人访问印度，外交部让我们每天发消息给周总理，消息的主要内容是世界各国对周总理访问印度的反应。那时新华社与各国的通讯社都有连通，比如路透社、美联社等等。我们彼此之间每天都会共享各种讯息，那一阵负责接收讯息的机器24小时都处在不停工作的状态。因为世界各地有时差，所以随时都会有消息发来，但是新华社接收到的消息都是外文，这就需要我们进行翻译。我们翻译好以后再发给周总理，好让总理知道他访问印度一事外界都有怎样的评论。我记得周总理回国后，外交部还特地打电话到社里，对我们的工作给予了肯定。那次是我亲自参与，为国家的外交事业做了一点微小事情，因此给我留下的印象很深刻。总而言之，我在新华社工作的那几年很开心，带给我的成长和收获也最大。

另一份我很喜欢的工作就是在复旦大学教书。我本人很喜欢和年轻人打交道，在学校当老师，除了全心全意为学生传授知识以外，师生之间没有其他利害冲突。师生的关系很单纯，此外年轻人充满朝气，和他们相处总感觉自己也时刻保持着年轻状态。

回忆过往，那时人们的精神状态、精神面貌和现在相比完全不同。人们往往白天上班，晚上开会，礼拜天还去参加义务劳动。但大家认为，为了建设社会主义是理所应当的，所以很少考虑金钱、时间上的得失，思想都很单纯。

快 乐 老 年

我这个人比较特别，像一般老年人喜欢做的我不会去做，比如我从来不相信保健品，也从不吃保健品。养生节目、老年节目、家庭伦理剧、韩剧等我也从来不看，反而喜欢看谍战剧，喜欢看《军情连连看》《百战经典》等节目，还喜欢看纪实频道。我和一般的老太太也不太一样，不喜欢打牌、搓麻将、炒股。我最大的特点就是生活有规律，基本上每天什么时候起床，什么时候吃饭，什么时候睡觉都有固定的时间，这是我的一种养生方式。当然若是去医院检查，医生会说我身上有不少毛病，比如说心脏不好、脑卒中、肾衰竭，所以必要的药我会吃一点。因为我知道一个上了年纪的人有病是正常的，没病是偶然的。人就像一个产品，自它从工厂里被生产出来就会有一定使用期限；所以人老了有病痛是很正常的事，不需要殚精竭虑地迷信保健品的功效，凡事看开点就会好很多。

我现在眼睛不是太好，看报纸也只能看清大标题，家务劳动也是尽力而为。人要是只坐着享受安稳是会变傻的，所以读报纸、做家务都是我的一种生活习惯。一般每天早上我会看一会儿报纸、做半小时家务，再看一会儿电视，各种事情都要岔开来做一点。天好的时候我还会到弄堂里走一走，中午睡个午觉，晚上 10 点钟就睡觉，第二天早晨 6 点半起床，这样的作息比较规律、健康。

退休后我非常喜欢旅游。因为腿脚不好所以很少一个人出去。我和大儿子一起住，他本身也特别喜欢旅游，有时候我会跟着他一起出门。我们出去旅行主要是坐火车，或者自驾。周围的地方不必多说，比如南京、杭州、苏州、宜兴，远一些的比如延安、重庆、厦门、海南、西安、井冈山以及皖西等等。唯一遗憾的是那次去延安，去之前没有做功课，到了文安驿镇也不知道这是习近平曾经插队的地方。当时只是看见了梁家河生产队的一个标语，便觉得梁家河好熟悉，似乎在哪里看见过。回去后，我无意中翻看了《习近平的七年知青岁月》后才记起来。

我觉得上海的变化很大，就比如说复旦大学，我是 1972 年到复旦工作，那时复旦的周围还都是农田、很荒凉，完全没有现在这样浓郁的都市气息。上班的路程很远，一路上坐电车得换三次车：24 路换 18 路，再换 3 路，车子总是很挤。当时复旦的教职工都是住在学校周围，户口属于宝山县（属于郊区，今上海宝山区），如果是上海市区户口每人一个月是可以领到五两油，但是复旦的教职工就只能领四两油。至于给子女找工作，同样因为户口问题，大的工厂安排不进去，就只能在宝山县的裁缝铺、铁匠铺里干活。

但是现在不一样了，复旦大学内外变化很大。这里本来就属于风貌区，在整个上海来说这里的房子都是最好的。上海曾经流传着一种说法——"上只角"，即有钱人、知识分子、干部住的地方，"下只角"即闸北区、普陀区、杨浦区等普通老百姓住的地方。现在许多地方都已经发生了翻天覆地的变化，特别是 90 年代的浦东大开发后。

还有一个印象深刻的就是买菜，以前人们一大清早就去排队，最后还不一定能买得到。因为物资紧缺，买东西都是凭票限量供应，菜的数量少，所以去得晚买不到菜是正常的。我曾想：什么时候买菜能像买牙膏、买肥皂一样，不用担心去晚了买不到就好了！现在这个愿望实现了，愿意什么时间买、愿意买什么、买多少都可以。

我觉得年轻人应该趁年轻的时候多学点东西，时间是不可逆转的，只有学到的东西长在自己脑子里才是硬道理。另外，虽然年轻但也要注意身体，平时多加强锻炼，只有身体和学习都好起来，才能成长为一个对社会有贡献的有为青年。

（采访及整理：房伊波）

我与新中国的邮电事业

讲述人：张洪森
时间：2018年2月8日
地点：上海市共富路518弄张洪森家中

张洪森，中共党员，高级工程师，1927年7月生于上海，祖籍浙江绍兴。1952年毕业于上海交通大学电机工程系，先后筹建成功成都电缆厂、侯马电缆厂等单位，从事通信事业50余年，为邮电部开创了通信光电缆的生产基地。组织开发的产品多次荣获国家、省部级奖项。曾任邮电部侯马电缆厂副总工程师、上海大学顾问教授、历任江苏永鼎股份有限公司副总工程师、《光纤通信信息锦集》编委会副主任。现为渔阳里历史文化研究会成员。

报效祖国毅然离沪

我生于上海，长于上海。父亲张德佑是一名白手起家的民族企业家，民国时期的电业界元老。家学渊源使我从小就对无线电兴趣浓烈，爱好组装电子配件、组件极管，十分沉迷其中。在民国这段混乱的时期，年幼的我两耳不闻窗外事，一心只读圣贤书。一路埋头苦读，于1948年考入了上海交通大学，并且是梦寐以求的电机工程系。电机工程系是当时上海交通大学的招牌专业，培养出无数人才。

解放战争时期，交通大学作为上海学生运动的堡垒，红色氛围浓厚，思想进步新潮，带动了无数热血青年。我原本只想一心念书，后来在这样的氛围下逐渐接触了进步思想，阅读进步书籍，参加夜校活动。当时我和一些同学参加了共产党的许多地下活动，最主要的就是开展革命宣传工作。我们走上街头去宣传，深入到中小学里演讲。我们还一起组织募捐活动，将募集到的资金捐献给前线的解放军。解放上海时我还和众多热血青年在5月25日去迎接解放军入城。

当时我的一个初中同学姓陈，现在也是渔阳里研究会的成员。那时候他已经秘密加入地下党，因此不得不到处躲避国民党的排查，在这过程中也曾来我家躲避，我成功地掩护了他。因此他非常感激我，我们的友谊也保持至今。他知道我喜欢念书，希望我还是先完成学业，便没有立刻介绍我入党。

上海解放后，我还在交通大学读书，进一步接受了红色思想的感染和熏陶，积极争取想要入党。不过那时候还太过年轻，周围人和我说入党前首先应该先入团。1952 年，也就是我毕业的那一年，经由两个党员推荐，我入了团。原本入团只需要一个党员推荐就够了，有两个党员推荐已是十分难得。这让我意识到组织上对我是有所期望的，因此非常感激，满腔热血想要报效祖国，积极响应党的号召。

当时毕业生的工作统一包分配，许多家里条件尚可、比较富裕的同学都希望能留在上海，留沪竞争十分激烈。但我不愿意只贪图安逸，坚决表态要响应国家的号召，国家哪里需要我，我就去哪里。原本毕业后已经分配好我去华东邮电管理局，就在上海本地，可以说是相对较好的单位。但我本人却还是希望能够去祖国最困难最需要我的地方，邮电部就拍了个电报来，批准我前往北京工作。家里刚开始不同意我离开上海，毕竟自小在上海念书，此前从未离开过家乡。同时父亲也有些产业想要我继承，毕竟我是家中长子，但家里人终究拗不过我，最后我还是毅然离开上海，前往首都北京。

37 载与祖国通信事业共成长

到达北京后，我没想到部里不是先分配工作，而是让我去军校接受培训。当时邮电部需要一批大学生前往苏联留学，学习先进技术，我被选中前往苏联。去苏联留学前要先接受系统的培训，组织上安排我们在张家口的通信工程学院接受培训，主要是学习俄语。当时邮电部召集了 100 个干部进这个军校，其中除了我们 10 多个刚毕业的大学生，其他都是已在邮电系统工作的干部人员。相比起这些骨干人员丰富的技术经验，我们这些大学生刚刚毕业，缺少经验，都觉得要认真学习。我们百来号人在张家口学了一年的俄语，于 1953 年 8 月毕业。只可惜由于斯大林突然去世，中苏关系出现变化，导致这次出国交流只能作罢。最后我们这批人中除了极个别依旧被派遣出去，剩下的人都没去成苏联。

苏联去不成，邮电部就让我们留在了北京的邮电系统中。我被分配在一个工程队，这个工程队是做通信基础建设的。要知道当时打电话都是人工电话，就像现在电视里看见的那样，需要手工摇。我去的这个工程队从事的就是实施自动化改造，将人工电话改造成自动电话的工作。我主要负责线路电线方面。参加这个工程队之后，我学到了很多有关设计、工程、规章制度等不同于理论知识的实践经验，成为工程队的技术员。

很快我就和工人们打成一片，一起爬杆子、下地井搭线，地井是用来地下排线走地下电缆的。我那时是既能上杆又能下地，通过工地实际操作学到了很多知识。在这过程中我根据现场经验结合理论知识编写了讲义，回去之后就开始教工人们怎么更好地去施工，怎么做才符合通讯要求，也就是给工人们培训。在人工局改自动局的项目中，我主要负责线路，另外有人负责管道、机器自动机房，三方合起来完成一个局的改造工作。那时候工程队完成了十几个省的省会城市改造，改建工作比较成功。因此局里领导很满意，认为我在这个阶段做出了突出贡献，于是在 1955 年我被评为了全国邮电先进生产者。

这是第一届全国先进生产者的评选，其实我满打满算也才工作了三年。由于我在工地能和工人打成一片，关系相处得比较融洽；此外成功完成了许多工程并且还能够结合实际编写讲义帮助培训工人，局里认为我的贡献十分突出。先进生产者虽然比全国劳动模范稍微低一档，但全国也只有几百人能被评选上。这样全国性的评选原本需要从基层一层一层地推选到中央，层层选拔，但我却是直接从基层评上了中央。1955 年，在北京召开了首届全国先进生产者代表大会，当时毛泽东、周恩来、刘少奇、朱德等党中央领导人接见了我们，大家还在一起拍了集体大合照。

能够被毛主席等国家领导人接见，我感到无比自豪和荣幸。于是我非常坚定地向党组织递交了入党申请书，心想评上全国先进生产者，有了这样的荣誉入党应该没问题。却没想到由于我家庭出身属于资本家，组织上要对我进行考验。对不同的人来说考验的时间有长有短，有个同事和我同时递交入党申请书，因为他家庭成分比较好，只观察一年就入党了。我递交申请后，想着大概需要考察一段时间，但基本不会太长。万万没想到的是，我的入党考察期长达 20 年。

在 20 年的考察期里，我经历了很多事。在单位里我作为团委委员，是学习毛泽东思想的积极分子，曾经仔细研读了毛泽东的所有著作，还是学习毛泽东思想班的辅导员。邮电局开始组织建厂，并在北京首先建了一个通讯电缆厂，我是第一批被抽调去参加建厂工作的。但在 1961 年后由于政策的调整，北京的这个工程下马了。我们同期建了三个厂，分别在北京、沈阳和成都。沈阳厂是最先下马的，然后是北京，最后是成都。

当时北京厂里的一半人都留在北京，留下来做基建。而我被派到成都做通讯电缆，依旧做线路方面的工作。那时候成都的厂还没有完全建成，我过去就帮助建厂、开发产品、鉴定产品，并且最后投产也都是由我经手。厂里只有我一个大学生，技术人员缺乏，我就相当于总工程师，那时候叫工程师负责人，所有的技术活都得靠我亲力亲为。这个厂建成后成为邮电系统的骨干厂，5 年后，厂里生产的产品成功通过行业鉴定，全部合格能够投入使用。

1969 年，国家又要在山西的侯马建厂，上级考虑到我之前曾经参与建设两个工厂，比较有经验，就派我去山西负责建厂。产品的整体设计、工艺流程等全是我一个人负责。前前后后总共花费了 5 年时间，工厂终于建成。当时我们生产出的产品不仅在国内销售，而且还出口亚非拉，后来甚至还销往欧美国家。侯马工厂主要生产的是通讯电缆，空中的、地下的，各种不同规格的都有。

1978 年之后，我们国家研发出了光缆。当时邮电部搞光通信会战，我是侯马厂唯一抽调出来的工程师，和武汉邮电科学研究院的总工、邮电部第五研究所的一位总工，三个人负责这个工作。在这之后，通信基本上全用光纤。光纤已经是当时最先进的技术，可以说和国外发达国家的技术水平只相差 10 年。不要小看 10 年这个数字，在那个时代已经是工业领域非常难得的事了。

光纤的发明者是个中国人，叫高锟，还因此获得诺贝尔物理学奖，他在 1977 年的时候发明了光导纤维理论。我们以他的理论为基础研发出光纤，使原本一根铜线只能串两户人家的情况变为几百户人家只需要一根光纤就够了，这是通信技术的巨大突破。由于这个重大的技术突破，我们的企业也随之蒸蒸日上。让我更开心的是，1976年我加入了中国共产党。从 1956 年递交入党申请到 1976 年批准，我

的入党考察期整整过了 20 年。但这个过程中我一直相信党，始终是
入党积极分子，始终用实际行动证明自己，始终跟着党走。

1985 年，邮电部派遣一个考察团前往荷兰考察，组织上推荐我
参加。这时候我国已经实行改革开放，此前荷兰国王来华访问，两国
关系正处于比较友好的时期。考察团有两个目的：一是去交流学习，
二是去引进先进设备。现在我们国家的光纤通信，就是从这个时候才
开始的。1978 年开始，我们国家虽然自己已经在开发研制，但是突
破不大。到了 1985 年，国家希望能引进国外最先进的设备，以服务
经济建设。

我成为考察团的一分子，到荷兰去考察，背负交流学习的任务，
参观了许多工厂，例如飞利浦公司。我们订购了飞利浦公司的一批设
备，邮电部希望我能去武汉做负责人建设工厂。因为山西的厂还没完
全建好，我拒绝了。最后买设备的合同协议书，是我代表邮电部签的
字。在荷兰，飞利浦公司的总经理送了我们每个人一本相册，是在考
察期间所有人的行程照片。我们当时有专门的跟团摄影师，会给每个
成员做一本相册。从相册就能看出荷兰的照相机、照片印刷水平很
高，相片印出来非常清晰，我们都很感慨。即使几十年后，相片依旧
如新。这样的质量和技术水平足以让初看世界的我们认识到差距，也
开始思考如何提升中国的工业制造能力。

我在山西待了 22 年，从 1968 年一直到 1991 年退休，都在山西
侯马通信电缆厂工作。电缆厂一直到现在还存在，可以称得上是我
一生的心血，半辈子都奉献在那里。我是归属邮电部直接管理，工
作调动只听部里的安排。我在邮电部工作了 37 年，始终遵从部里的

指挥，兢兢业业，退休时邮电部颁发给我一个纪念奖章。这个奖章是从事邮电工作35年以上才能获得的荣誉。我从大学毕业进入邮电部直到退休，从来没有改过行，始终坚守在通信行业，始终没有离开过邮电部。

1952年我大学毕业离开上海，常年都在外地工作生活，乃至我女儿都是在山西成家立业。只有逢年过节我才能回家看看双亲，原本该由我承担的赡养双亲之责，也只能由弟弟替我承担。甚至在我父亲生病的时候，也因为工作原因无法陪伴在旁，使得父亲颇有微词。然而自古忠孝难以两全，既然选择为国奉献，也只能无奈不能陪伴父母左右。等到1991年我从邮电部退休，才重新回到上海。但我退休后也不愿在家闲着，还想继续在行业内发光发热，幸好在业内名声较好，被返聘帮助两个乡镇企业建设工厂。先是在张家港帮忙建了一个厂，之后又在吴江建了一个厂，都是做光纤通信的，两个厂后来都顺利发展起来。2002年，我终于彻底退休，只在厂里留了个顾问的职位，不用再去办公室。在那之后我才开始有大把时间来继续我的兴趣爱好，正式开始丰富的老年活动。

我的一生都奉献在了通信事业上，在通信研究领域，曾先后发表论文100多篇，翻译外文资料200多万字、编写专业教材30多种、汇编30多种科技专题文献，担任多种专业出版物编辑，在多所工厂担任厂长或总工。即使退休之后，依旧时刻关心着行业动态。20世纪90年代上海大学还聘请我为研究顾问。最近上海市要进行电缆改造，把架空电缆全部改到地下，这是个非常大的工作量。虽然美国是世界上通信技术最先进的国家，但是现在经过几代中国工程师的努力，中国在这个行业已经能和美国并驾齐驱。投身通信行业 50 余年，能报效祖国，我一生无悔。

慈善家风恩泽孤老

我父亲张德佑在民国时是位民族实业家、慈善家。40 年代曾慷慨捐资抚养数百名蒙受战火创伤的孤儿。他出生在绍兴，祖辈都是穷苦农民，幼年丧父，少时随母来到上海学做生意。父亲历经颠沛流离，遭受了无数苦难，成功白手起家创办了一家五金电器公司。富裕之后，父亲的勤俭习性不改，不沾烟酒不好风月，唯事慈善事业甚笃。

内地每有遭灾，他总是慷慨解囊毫不吝啬。战争年代，动荡不安、民不聊生，孤寡无依的老人、奄奄一息的孤儿处处皆是。他还在家乡成立了一个慈善团体叫作"慈社"，对绍兴禹王庙一代的孤儿以及残疾人每年进行布施。每月还给一些孤寡老人发大米 2 斗（约 12 千克），银元 2 元；每年寒冬将临，给每人发放棉袄一件、棉裤一条以及棉鞋布袜等等，使得这些老人们得以度过严冬。这一善举从1943 年一直到 1949 年从未间断过，每年至少有 50 余人受到他的救济，许多受他资助过的人及其后代至今仍念念不忘父亲的恩德。当时的画家吴寿谷先生还曾特地为此配画。直到解放后，人民政府大力开展社会救济事业，他才逐渐停止了这项活动。

同时，他始终不忘苦难的童年，于 1941 年与友人在故乡绍兴共同出力资助因战乱无法维持的福安培童院，抚养了 60 多位因战乱、家庭变故失去双亲的孤儿。同时开办敬老院，收留了 50 多位鳏寡贫病交迫的老人。他对救济培育贫苦无依的孤儿，在感情上如同亲生子女，衣食住行、吃穿用度无不竭尽全力面面俱到。他还从马路上收留乞丐流浪儿童，不仅出资供他们念书培养他们学文化，还介绍他们到企业学手艺，帮助他们成家立业。先后约有 140 位孤儿得到我父亲的资助和培育。

现在这些孩子都已成才立业、功成名就，有些还到海外发展，但他们都不忘父亲对他们的爱护，并曾在 80 年代末于复兴公园组织了绍兴市培童院旅沪同学重聚会，大家与我父亲经年重逢不禁热泪盈眶，一声声地唤我父亲为"爸爸"，并拍下了珍贵的合照。当时《解放日报》的记者听说了这件事，觉得是个很好的题材，即使事隔多年依然能感受到爱的力量，于是前来采访父亲。父亲面对采访却表示："写不得，写不得，一则，我当年接济孤儿，全凭做人的良心，不图一点名利；二则，万一孤儿的父母见到报纸，人家心里会难过的，这有违我的初衷。"记者解释这是为社会弘扬大爱之后我父亲方才同意。后来《解放日报》刊发了《另一种"桃李满天下"——记慈善家张德佑老人》一文，讲述他恩泽孤老的故事，引起了社会的广泛关注。

父亲生前广交文人雅士，与很多知名书法家、画家都有交好。他曾培养了一个小书法家朱涛，把朱涛介绍给一些知名的书法家。之后朱涛自己也成了名家，成名后一直非常感激我父亲，还热心组织了父亲的 90 祝寿大会。我将父亲与各路友人的往来书信、照片等珍贵资

张洪森父亲张德
佑纪念册

料收集整理成册，作为家史收藏起来，还特地为父亲做了一本纪念
册，出版后送与亲友留念。

　　我深受父亲影响，也继承了父亲的慈善事业，现在一直致力于慈
善活动，几十年不断。前段时间刚被提名为"上海市慈善之星"，也
曾获得"宝山好人"等荣誉称号。这些年来我一直坚持捐款，有捐给
母校交通大学的，有捐给灾区的，也有捐给联合国儿童基金会的，有
时还会以我爱人、母亲的名义给慈善基金会捐赠。基金会每年会寄来
证书，虽然每次捐的数额不大，却也一直坚持下来，捐赠证书我都留
着以作纪念，也算得上是一种见证。同时我还捐献给上海档案馆一些
资料，比如家里的一些书画旧藏，包括之前苏联援建的北京邮电大楼
工程项目的资料，那个项目我参与了，留有一些珍贵档案资料。

上海交通大学颁发给张洪森的捐赠证书

　　我夫人是一位医生，这些年也和我一起做了很多公益慈善。她一生共接生了一万多个婴儿，一次有个产妇难产大出血，正好轮到我夫人值班，她当机立断组织多位医生来抢救，最后母子平安。巧合的是，这个产妇的丈夫和我还是同行，每次在行业大会上遇见，总是非常激动地感谢我夫人的尽责治疗。

　　我是家中长子，有两个妹妹一个弟弟。我的大妹是中山医院的总护士长，也是 1983 年的上海市"三八红旗手"，她的一生都奉献给医疗事业，拿了无数荣誉奖状。2012 年我夫人和大妹相继去世，我将对我爱人和妹妹的思念之情全部付诸纸上，为她们整理事迹，编写成家史。

　　我一共写了四本家史，家史中有我本人的生平事迹，也有家族内成员的回忆性文章。睹书思人，翻看这些家史不仅能依稀回忆起他们的音容笑貌，更重要的是他们的精神在家族中代代传承。我们家族内部非常和睦，家风正直，我们教育小辈最重要的就是做人要"正"。也许这也是父亲的言传身教带给我们的精神财富。如今家族中的小辈都分布在全国各地，但每年大年初三的时候，大家总是聚在一起吃个团圆饭。每当儿孙满堂欢聚时，我总是想起父亲曾经的善举，大概积善之家真的有余庆，慈善家风当代代相传。

兴趣广泛丰富退休生活

我兴趣爱好很多，如摄影、写文章、集邮、收藏钱币等。退休之后终于有时间能够继续我的这些兴趣。这些年我也参加了很多活动，即使现在已经90岁了，我还喜欢在外面跑。除了编写家史，我还整理了一份张氏家谱，把历史上有名、杰出的张氏人才都统计在内，现在这份家谱也已经出版。我的父亲喜欢摄影，在他的影响下我自幼就接触到了摄影。但当时的摄影同现在还不太一样，不过摄影始终不变的是对美的追寻与定格。我也热爱写文章，以前在工作时写了很多技术性文章，现在闲暇了，更倾向于写诗，尤其是古体诗，这也和从小读古诗的兴趣有关。但我的诗是不讲究平仄的，纯粹是个人爱好，聊以自娱。同时我十分关心国家大事，除了写有关党的文章和心得体会外，还经常在社区居委会里给大家讲国内外形势，或者一起分享十九大报告的体会。一个人格局要大，心怀天下才能活得有精气神，才能活得有价值。

老同学知道我对党的热爱，介绍我进入渔阳里历史文化研究会，从而让我有机会进一步了解了党的历史，尤其是建党初期的历史。我们很多老同志在研究会查资料、写文章，通过研究我们也有很多新看法，比如我们党从 1920 年开始筹备建党，1921 正式建党，老渔阳里相当于是中国共产党建党的早期根据地。关于这方面的研究确实特别少，尤其是一大之前的。

十九大之后习近平总书记到中共一大会址参观时，非常关心也重点提到了这段历史，我们也等于是响应中央号召，尽一点微薄之力。到目前为止渔阳里历史文化研究会已经有二三十个人，研究会每个月有固定时间排出计划活动，大家平时一起写写文章、开开会。现在研究会里还有个表演艺术家朱庆涛先生，他用说书评弹的方式来讲述这段历史，非常通俗易懂、活泼生动。回顾党史是不忘初心，也是勉励年轻人现在的幸福生活来之不易。不忘初心，方得始终！

（采访及整理：朱泽昀）

我的"三地"情缘

讲述人：缪新亚
时间：2018年2月8日
地点：上海市愚园路缪新亚家中

缪新亚，1948年出生于重庆。祖父为国民党重庆海关总监察长，父亲为国民党高级军官，后移居台湾。1965年初中毕业后加入援疆队伍，1978年成为新疆生产建设兵团十三团中学的教师。回上海后历任上海高教音像出版社副总编、上海震旦学院副教授，并曾担任民革上海市委常委、卢湾区台联会会长、卢湾区政协常委等职。

不可分割的沪渝情

我是一名上海人，但是我的一家却有着别样的重庆情缘。

我祖父和邓小平、周恩来属于同一时期出国的留学生，也和这些革命人士一样，在国外勤工俭学。他在法国华工中做兼职翻译，由于鼓动工厂工人罢工，要求工厂主加薪，法国警方欲以煽动的罪名将其逮捕，无奈之下，我的祖父只得逃往德国。

祖父和众多出国留学的中国留学生一样，都有着振兴中华的理想，但是因为理念的不同而选择了不一样的道路。他回国以后，一直在海关部门担任高官，原先负责江海关（上海海关），抗日战争爆发后，就跟随国民政府先是退守到武汉，再一路退到重庆，最后留在重庆，担任重庆海关的总监察长（当时海关中处理对外事务的最高职务）。当时从江南一带退守到重庆的人被当地人称为下江人，我的家人就是其中成员。1948 年，我出生在重庆。

1949 年初，淮海战役之后大局已定，国民党开始从大陆陆续撤退。我父亲就读的军校原来在苏州，后来随着局势的变化，搬迁到福建，然后再经由海路退到台湾，我与父亲就此分离。

我的祖父虽然为国民党工作，但当时并没有与国民党部队一同撤往台湾，而是选择留在大陆。新中国成立后，新政府继续留用他担任重庆海关的港务长。后来也不知是出于什么样的想法，祖父辞去职务，撇下妻子、儿女，和友人到香港合伙经商去了。但祖父在香港的生意连连受挫，不得已又辗转到台湾，在台湾重拾"老本行"，当了

10 年的花莲海关关长，最后在台湾去世。

就这样，我家的男性成员大都离开了重庆，分散各地，而留在重庆的，只有年幼的我和继祖母、母亲、小姑姑。我的小姑姑虽然辈分比我高，但却是与我同岁。抗战时期，时局混乱，我们一家在前往重庆路上，遇到土匪抢劫，我的亲祖母被土匪砍伤后去世。后来祖父另娶，所以和我们在重庆生活的是我的继祖母（下文的"祖母"如无特殊说明即指继祖母）。继祖母嫁给祖父的第三年，生下了我的小姑姑，同年，我母亲生下了我，我便有了与我同岁的小姑姑。

我和母亲在重庆生活了一段时间，住在湖南长沙的外祖父突然生病，需要人照顾，母亲便急忙赶回老家照顾外祖父。在重庆的祖母独自照顾我和小姑姑，同时还要负担生活重任，实在有些不堪重负，于是她带着我俩回到上海。1951 年的上海虽然已经解放，但是一个女人在上海带着两个小孩讨生活还是困难重重，祖母只得把我送到常州的姑婆家。我 3 岁开始在常州生活，一直到 9 岁才回到上海，回到祖母身边。

我家与重庆有着难以割舍的情缘，首先是因为我出生在重庆，对重庆这片土壤有着深深的眷恋。对我们一家人而言，祖父在重庆达到了事业的顶峰，重庆是他一生辉煌的见证。父亲从学生时代开始就随祖父从上海到了重庆，在重庆完成了高中的学业，又在重庆结婚生子，重庆承载着他的青春回忆。我的二叔也将"根"深深地扎在了重庆，在重庆读初中、高中，直至大学，工作、结婚、生儿育女，一辈子从未离开重庆。更重要的是，二叔在重庆大学读书时，瞒着家里人参加了中国共产党地下党的外围组织，后来加入中国共产党。为解放重庆立下汗马功劳。三叔在新中国成立后投笔从戎，加入了中国人民志愿军，参与朝鲜战争，从重庆出发，在异国他乡出生入死。他转业后在上海成家立业，却始终没有忘记"川音渝调"，操着一口重庆口音的上海话，别人称他为"在上海的重庆人"。重庆这座美丽的山城，对我们来说，有着无比深重的情感，她承载的是我们无法忘却的时代记忆。

上海知青在新疆

1965 年，在"保卫边疆、建设边疆"的号召下，国家动员了一批上海青年去支援新疆。每个人去新疆的理由都有所不同。于我而言，一来没有上过高中，学历低；二来家庭成分复杂。就这样成了知青中的一员。

17 岁的我，和当时一批上海青年一同加入了建设边疆的行列，这一去就是 20 年。我在新疆的 20 年大体可分成两个阶段，前面的 13 年做得最多的就是种地，当一名普通的劳动者；1978 年党的十一届三中全会以后，政策开始松动，通过参加考试，我成为当地的一名教师。

在新疆开荒的那段时间里，我经历过生死，留下很多不可磨灭的印记，此外还认识了一生的挚友——老赵。老赵的先祖当年追随左宗棠进疆，祖上世代为官，也算得上是书香门第、官宦之家。他自己在新中国成立之前就是大学生，曾加入国民党的部队参加抗日战争，之后又加入解放军参加了解放战争。退伍后就一直生活在新疆，担任生产建设兵团的宣教科科长。老赵饱读诗书，很有文化和涵养。我虽然只是初中毕业，但是也很喜欢看书，有时候会自己动笔写写小文章。兴趣相投促使我们两个平日里经常交流，算得上是志同道合，不久就成为知心的好朋友。之后一场惊心动魄的经历更使我们成了生死之交。

那时生产建设兵团农场连年亏损，于是我们时常出去"赚外快"——连队派出一支小分队，深入到沙漠腹地去打碱。所谓打碱，其实就是收集胡杨树干上分泌出来树汁的结晶体。我们都知道胡杨树千年不死，死后千年不倒，倒了千年不腐，具有很顽强的生命力。在沙漠中，胡杨树常年遭受风吹日晒，导致树枝经常被折断，树干出现伤痕。为了保护自身的水分不蒸发，胡杨树就会产生一种特殊的树汁以保护伤口，减缓蒸发。这种树汁含碱量很高，而沙漠的蒸发量又很大，水分蒸干了碱就会结晶。就这样不断分泌，不断蒸发，不断结晶，层层累加，最后可以形成像足球一般大小的碱坨。树碱纯天然无污染，可以用于食品加工业，用来蒸烤馒头、面包会格外香甜；还可以用于皮革业，去除动物皮毛上多余的油脂，经济价值很高。但是这种天然的碱，只有沙漠深处才有，因此需要人工深入沙漠打碱。

我们去打碱要先从农场出发乘汽车，然后坐拖拉机，最后在荒漠深处徒步前行，寻找这种特殊的碱。在荒漠中最危险的事情就是迷失方向。原本我跟着老赵这名"老新疆"应当是很稳妥的，可那一次我们迷失在荒漠中，险象环生，差点连命都丢了。

那天一开始我们运气特别好，上午出发，才用了不到半天的时间就完成了一天所要收集的量。艳阳高照的中午天气很热，我就和老赵躲到一片树荫底下乘凉休息。可是到了下午，沙漠中突然刮起了沙尘暴。开始老赵还宽慰我说："没事，你放心，这种沙尘暴没什么影响，你跟着我走一会儿就出去了。"但没想到，我们在沙尘暴中走了许久，依旧没有走出风暴的范围，反而彻底迷失了方向。

到了第二天，我们带出来的干粮吃完了，水也很快喝完。我们只得根据老人传授的经验，收集自己的尿液作为饮用水来补充身体流失的水分。那时候我们连队有一个不成文的规定，如果到了晚上收工的时候还有人没有回来，就在营地附近升起一堆高高的篝火，来为迷失方向的成员指明道路。也不知是幸运还是不幸，那两天没有太阳，全天都是灰蒙蒙的，而我和老赵又走得太远，根本看不到营地升起的篝火。但也正因为没有太阳，使得我们在这两天中没有因为高温而严重脱水。可是由于长时间的饥渴，我们的身体已经来到了崩溃的边缘，我清晰地记得，当时老赵眼神无光，眼皮耷拉着，脸色黑得像被烧焦的纸板箱，嘴唇干裂，牙龈浮肿发黑。

在沙漠迷路的第二天下午，我和老赵实在是精疲力竭，瘫倒在一棵树下，处于半昏迷的状态。到了傍晚，沙漠中的凉风吹来，我俩稍稍清醒了一些，瞥见旁边的树上有一排秃鹫直挺挺地立着，一双双眼睛紧紧地盯着我俩，就等我们咽下最后一口气，然后它们可以饱餐一顿。我和老赵都担心没有办法活着走出去，于是约定：不管是谁先断气，另一个人一定要把对方的尸体用黄沙埋好，千万不能让秃鹫叼去。

尽管已经做了最坏的打算，但我的脑海中还是不禁浮现出一个信念：我的祖母在上海生活得好不好？我的祖父、父亲还在台湾，我们还能不能再见面？我的母亲也不知身在何处，她是不是也在努力地找我？我的恋人还在沙漠外面等着我呢！不行，我一定要活着出去！正是因为这种信念的支持，仿佛给我打了一剂强心针，我对老赵说："不管结果如何，我们还是要做最后的挣扎。"

于是我俩步履蹒跚地离开了树荫。正是这拼死一搏，让我们最终得救。我们在路上走了一会儿，欣喜地发现路边有毛驴的粪便，心底升起希望——在新疆生活多年的经验告诉我们，有毛驴的地方一定就有人。我俩就跟着毛驴的痕迹前行，不断发现越来越新鲜的毛驴粪，最终走到了一个在沙漠边缘的羊圈，放羊的维吾尔族老乡发现了脱水力竭的我俩，用苞谷糊照顾了我们两天，我俩才慢慢地恢复过来。不久，队里派出的救援小组也找到我们，将我俩带回了连队农场。

1978 年是意义非凡的一年，是我人生的转折点。我和一批上海来的知青参加了新疆当地的教师招聘考试。这场考试与刚恢复的高考不同。当地的政策不允许我们这批上海知青参加高考，原因在于上海知青中很多人都是高中生，甚至还有大学生，当地学子很难在考试成绩上超过我们这批知青。但当地同样出台了一项政策，通过选聘考试，知青可以成为当地学校的教师。这种政策一举两得，一来将考大学的名额让给了当地青年，二来又为培养将来的大学生铺平了道路。

我参加这场特殊的教师选拔考试也并非一帆风顺。作为一名初中毕业生，起先我是不想去参加的。连队的上海青年虽然都是来自"出身不好"的非无产阶级家庭，但都受过良好的教育，和他们相比我自认为还差了一些。

正因身边优秀的人很多，当时我的报考积极性并不是很强，但是连队的一名老战友对我说了这样一句话："缪新亚，虽然不知道将来的日子会怎么样，但是13年都苦下来了，错过这次机会，你会后悔一辈子的。"这样一句话让我醍醐灌顶。之前的13年岁月，我成天和黄土打交道，看不到任何希望，既然有了这样的机会，无论如何也应该去试试。在这种想法的策励下，我决定参加考试，并以总分第二的优异成绩，成了一名教师。

后来的事实证明，正是在我们这群来自上海的知识青年的努力下，我们任教的学校（新疆建设兵团下属的中学，简称为团中学）成为自治区的五面教育红旗之一，在整个自治区都小有名气。可见我们上海老师的教育水平之高，为当地培养出一大批大学生，为清华大学、北京大学、复旦大学、上海交通大学等全国各地的名校输送了一批新鲜血液。

经过一年的培训，凭借优异的成绩，我以一名初中毕业生的资历在团中学任教，执教初三。刚开始，我带的班级成绩在学校并不是很好，但是在我耐心教导下，学生们参加地区13个农场6个县的初中统考，取得了第三名的好成绩。校长一直比较关心我，认为我在教育上很用心，方法得当，就把我这个"初中生"提拔到高中部进行教学。

当时，为了考验我，给我带的班级是被称为"放羊班"的理科二班，这个班级里的学生，不论是学生还是他们的家长都没有参加高考的决心和信心，之前带班的老师也一直听之任之，放任自流。但是，作为一名教师，我认为自己有这个责任，要认真、负责地对待每位学生，不能够轻言放弃。在我的努力下，那年高考，我们这个公认的"差班"出了6名大学生，10多名同学考上了中专。

取得了这样不错的成绩，为了奖励我，校长给我加了一级工资，还让我在"尖子班"担任班主任，主教语文。然而，新的麻烦接踵而至。当年曾阻挠过录用我为正式教师的连队指导员的儿子就在我执教的班里学习，指导员担心我会公报私仇难为他家孩子。他不仅阻挠我做教师，平时还以"出身背景"来排挤我，我的太太也因此时常受到他的打压。他还找到校长去挑事："校长，你们怎么能对学生不负责任？怎么可以让一个初中生来教高中生？"校长一听就知道话中有话，回答道："我明白你的想法，也知道你在说谁。那你说说你口中的初中生责任心有哪里不到位？在业务上是不是有不能胜任的地方？如果有，我立即撤换！我可以保证，在长期的观察、考察中，他都能很好地完成教学工作，他在我眼中就是一名合格的教师！"

虽然连队指导员对我有成见，但出于一名教师的道德感和使命感，我对自己的学生一向是一视同仁，重视每一个孩子，希望将他们培养成才。所以我也宽慰那个指导员："你放心，我绝不会因为我们之间的矛盾而区别对待你的孩子，你家孩子成绩不错，只要他肯努力，我一定把他带出来。"最后，指导员儿子的成绩的确十分理想，考上了南京大学数学系。而我抱着教书育人的初心，带出了上百个大学生，不能说改变了他们的一生，至少做了一点微小的工作，问心无愧。

我在新疆经历了 20 年的风风雨雨，一直到 1984 年。在新疆的20 年，我吃过苦、受过累，得到过掌声，接受过表扬，立过二等功，更重要的是这 20 年对我的一生产生了巨大影响。我以一名初中毕业生的资历，走上了讲台，成为一名光荣的人民教师。看着孩子们渴求知识的眼神，望着他们收到大学录取通知书时喜极而泣的身影，我感到无比的骄傲与自豪。尽管这 20 年我有过抱怨，有过不甘，也曾责问上天为何待我如此不公，但最后我明白，这一切都是值得的，正是有了这段岁月才造就了现在的我。正是在最困难的时候，我认识了一个又一个美好、善良的人，他们帮助我、照顾我、带领我、教导我，因此现在我回想这 20 年的经历，想到最多的一个词就是"感恩"。

大时代里的小人物

1984 年，根据国家的政策，我回到了上海。当时国家出台了政策，规定了知青返沪的几个条件，凡是符合其中任何一个要求就可以调回上海：父母退休可以回去顶替；有两个兄弟姐妹在新疆的可以回去一个人；父母身边没有人照顾的可以回去一个人；家里独子独苗的，可以回去；父母在"文化大革命"被迫害致死的，其子女可以回去；父母在港澳台的，其子女也可以回去。而我符合最后一个条件，如此回到了上海。我们这些父母在港澳台的知青可以回到上海，主要是出于统战工作的需要，给我们这些子女们一些优待。我爱人的大哥在上海工作时受了工伤，所以她也可以回到上海，顶替她大哥的工作。

　　尽管我们两人都回到上海，但是生活还是十分的艰苦，一切都要从零开始，从头开始。因为我有从教的经历，所以被分配到里弄生产组集体事业管理局下属的职工学校，继续从事教学工作。后来这所学校发展成为震旦职业学院，我也成了震旦学院的讲师。经过那20年的艰苦岁月，磨炼出我不怕苦不怕累的坚韧品格，在上海从事教育工作，我仍然保持积极进取和勇于创新的心态。回到上海的第一年，我就以在职教师的身份考入了华东师范大学，获得了本科学历、学士学位。后来又继续进修，获得硕士研究生学历，最后评上副教授。后来又受邀加入了中国国民党革命委员会（民革），担任民革上海市委常委、民革卢湾区的主委。此外我还担任卢湾区台联会会长、卢湾区政协常委。

　　回到上海之后，我也开始想方设法和父母取得联系。祖母将珍藏着的与祖父联络的信件交到我手中。

　　1983年，我们分别了34年的家人本来有一个机会能够相见，但谁知意外突发。当年有一项政策，分居两岸的家属可以在国家的安排下在香港会面。听说这一政策后，祖母连忙准备前往香港的手续，并赶紧写信通知在台湾的父亲和祖父办理相关手续。怎知世事无常，在手续办下来的第三天，89岁高龄的祖父突发脑溢血瘫痪在床，悲恨夹杂着怨气的祖父拒绝治疗，最终抢救无效撒手人寰。就这样，自1949年分别以来，祖父与祖母始终未曾再见。那时他们怎会想到，当年的那一去竟成永别。

　　得知祖父逝世的消息，祖母深受打击，口吐鲜血，生了一场大病，幸好抢救及时，才没有让我们在短时间内痛失两位至亲。祖母于 2001 年离开人世，离世前留下三项遗嘱：自愿捐出遗体供祖国医学事业之用；丧事一切从简，不通知亲朋好友；结余的丧葬费用全部用来资助困难学生。这样一位平凡的老太太却做出了一个不平凡的决定。她这些年来吃过那么多的苦，遭受过那么多的罪，本来可以让她有理由去怨恨，但是她没有，她将这些怨与恨化作了爱，化作了对于社会的大爱。所以我常说我的祖母是我一辈子最钦佩的人。

母亲与我相聚则有些戏剧性。当年与我们失联的母亲，后来不得不待在长沙，与她的父亲一同生活。以后再次结婚生子，而她的第二任丈夫碰巧是黄埔军校的毕业生，他的诸多战友都在台湾成家立业。20 世纪 80 年代，台湾与大陆的交流开放，他的一些同学回到了大陆。而我母亲也一直牵挂着我和父亲，于是在她第二任丈夫的同学聚会上就借机询问是否有人知道我父亲的下落。那些同学回到台湾后积极奔走。功夫不负有心人，最终在他们的帮助下，我母亲成功地找到了父亲。此时父亲也已在台湾再婚。我的亲生父母终于在分别 40 年后取得联系，母亲再从我父亲那里得知了我的消息。我们一家历经苦难，但也很幸运，有生之年还能得以团聚。

从传奇走向平凡是我对自己风雨飘摇的前半生的总结。我们一家从上海到重庆，又从重庆回到上海，颇具传奇色彩。我从上海去新疆，又从新疆回到上海，也是个传奇。我在新疆能以初中生的身份向高中生授课，并且带出上百名大学生，又是一段传奇。回到上海，我努力学习，从一个"小三子"（上海话干杂活的苦力）做到副教授，乃至成为民革卢湾区主委、上海市政协委员，也是一段传奇。最后我的父母能在分别 40 年后重新聚首，更加传奇。退休后，我的生活慢慢走向平凡，看书、写作、摄影，和其他退休在家的老人没什么区别。

我的命运变迁，其实也是国家命运变迁的真实写照。自 1978 年改革开放以来，如巨闸泄洪，我们的国家、我们的民族创造了一个又一个传奇。中华民族这种坚韧不屈、拼搏进取的精神已经融入每个人的血脉中。我和我的一家就是生活在传奇时代里的小人物，有自己的传奇，但是最后依旧要回归平凡。每个人也都应该如此。在这个伟大、美好的时代里，创造自己的传奇，谱写自己的故事，但是最后总有一天会回到平凡，做回一个普通人。我这样的一生可以说很美满，也很幸福。

（采访及整理：徐子康）

一位民间学者的笔上人生

讲述人：金恒源
时间：2018 年 1 月 28 日
地点：上海市金恒源家中

金恒源，1944 年生，祖籍北京，自幼长于上海。从小喜爱中国文化、海派文化，始终在文艺创作和文史研究道路上坚守耕耘。近年先后发表若干小说、评论性文章、文史类论文 20 多篇。尤其对清史研究有着比较深厚的见解，代表作有《正本清源说雍正》《雍正称帝与其对手》《雍正帝与家人》《再说雍正》。

儿时石库门生活

我父母生了五个孩子，我排行老大，小时候生活在杨浦区长阳路的一栋石库门中。房间面积大概有 20 多平方米，有前后客堂。

1958 年，我父亲响应国家号召，主动报名"支内"，去了江西，工资也就不及上海了。我母亲则在邮局送报，是个临时工。邮局的临时工不给配自行车，记得她每天背着个很大的帆布包，完全靠两条腿挨家挨户走着送报纸，风雨无阻。看着母亲很辛苦，有时候我会帮她一起送。

在 1959 年到 1961 年期间，我在中国人民解放军空军第二技工学校学习，也利用业余时间在龙华飞机场跑道旁边的草地上"开荒"。我学着种菜，买菜籽、耕种、浇水，蔬菜成熟后再从龙华把一袋袋菜背回家，尽自己能力帮助家里改善生活。

后来我父亲从江西退休回沪，原来居住的面积不够用，国家增配给我们一个亭子间。在大修时又帮我们在后客堂搭建了个阁楼改善居住条件。

记得我在荆州路上小学，那时候物质条件紧缺，还闹出过笑话。小学校长叫吕梅影，很喜欢我，她以前是一名中共地下党员。有一次学校文艺演出，她一定要让我上台。由于那时家里穷，我只有白衬衫，没有蓝卡裤子，而演出需要这样一套衣服。邻桌的女同学叫陈莲芳，借了我一条蓝卡裤。我很开心，却不知这蓝卡裤子还有男女之分，就这么傻乎乎地穿上台，台下的同学们看到后哈哈大笑。

儿时的贫苦生活中也有快乐，这是楼上的画家邻居给我带来的。那位画家是个扬州人，兼做装裱，四十几岁；另外有个助手，天津人，三十几岁。他们俩有一项绝活——将心形菩提叶去肉、留茎络，就像透明的蜻蜓翅膀；再用备好的宣纸绘上菩萨、金刚与罗汉的图案，有的地方还涂上金粉，非常精致漂亮。因为楼上画家夫妇没有孩子，讲一口扬州话的师娘非常喜欢我，送了很多那样的小作品给我。出于好奇和趣味，刚开始我还藏着。后来在"文化大革命"期间，我对收藏绘有菩萨、金刚与罗汉的菩提叶很是害怕，于是在生煤球炉子的时候，把那些精巧的作品全都当作废纸用来点燃煤球，统统烧光了。现在想想真是非常可惜！

从小扎根于石库门弄堂，我就这样一点点长大成人。从读书到参加工作、到成立家庭，直到退休，我的生活和工作很少离开过上海。所以，我对上海非常熟悉，有着与生俱来的深厚感情。

飞机设计师梦想破灭

我从小就酷爱写作，梦想长大后能成为一名作家。但青年时期，我的第一份工作是在空军第十三修理厂，整天与飞机打交道。我一开始在厂里学习修理米格型战斗机、教练机，后来又修理直升机。七八十年代，我还曾参与过早期红旗二号导弹的生产制造。飞机修理的工作质量要求极高，责任很重。每天 8 小时都钻在机身里，我对飞机结构了如指掌。以至于我从机头到机尾，从机翼到尾翼，从飞机钢梁到铝合金构件，闭着眼睛都能一一道来。修理空军飞机、制造大飞机的荣誉感很强，工资并不是很高，不过比普通工厂略高一些而已。但军工厂是大企业，能在军工厂工作就好像现在毕业后进入了知名大公司，在外人眼中还有种神秘感，因此我们都非常自豪。

我学的和从事的工作都与飞机有关，而那时国家的航空工业还不强大，所以，我当时非常强烈地想能成为一名飞机设计师。现在回忆往昔不禁感慨，爱国之心固然可爱，要成为一名飞机设计师，需要掌握很多专业知识。空军工程部来厂视察的领导要我们向钱学森学习，学习他的爱国精神，还要学习他精深的专业水平。

我初生牛犊不怕虎，19岁的时候劲头十足，居然用业余时间写出了一份当时国内还未闻未见的《米格飞机发展史》。我用两个寒暑假，花了一年多时间，搜集整理了十几种米格系战斗机的三面图、数据、性能比较，洋洋洒洒十几页。那时候根本没有电脑，连复印机都很罕见，我全部是用手工绘制完成，也算是年轻人不知天高地厚的心血来潮之作。后来，人事部领导找我谈话，鼓励我："好好干，以后送你去北航学习。"

谁知，这样一份对空军事业的痴迷热爱，却意想不到招来了基层一线的"棒喝"。我先是被批评"不安心工作"，接着被批评是"好高骛远"，之后又批评我想"成名成家"，被训斥为要走"白专道路"。再加之我祖上所谓"皇亲国戚"的血统，被指控"成分不好"，在"文革"期间遭到游斗抄家。从小拥有"优等生光环"的我从未受过这样大的委屈，加之个性偏强拒不低头认罪，受了很大的苦。我为此曾一度灰心绝望难以承受，甚至想到过自杀。我悄悄买了摆渡船的单程票，想着夜间从延安路外滩跳入黄浦江以结束自己的生命，好在最终挺了过来。后来厂里为我正名，一路敲锣打鼓直到长阳路我家，在门头上贴红纸头，赔礼道歉。但是，青年时的飞机设计师梦想刚一冒头，就很快被无情地扑灭了。

我最大的愿望是希望早一天把中国的大飞机制造出来。那时我们都不在意奖金，就是一心一意地想着祖国的大飞机早日飞上蓝天。

从 1963 年开始参加工作，其中最辛苦的要属参加"七〇八工程"的那段时间。1970 年 8 月，毛主席决定在上海制造大飞机，这是中国人自己真正制造的第一架大飞机，飞机代号"运10"（Y10）。经过若干科研人员和工人十年的奋斗，1980 年飞机终于在大场海军机场试飞成功。当看到亲手参与制造的第一架大飞机飞上蓝天后，我欢呼，我流泪。它可不同于一般的小飞机，"运10"有 4 个喷气发动机，虽然看上去与波音飞机差不多，实际上是做了很多很大的革新。除了发动机是进口的以外，其他 98% 部件都是中国制造的。

"运10"先是试飞安徽，成功后又再试飞云南昆明、四川成都，继而又飞新疆乌鲁木齐、西藏拉萨等地，全部取得成功。然而，就在取得试飞成功之时，"七〇八工程"却不知何故突然终止。这一结果导致成千上万的工程技术人员与工人面临分流或下岗失业的风险。我们呕心沥血付出很多精力和热情的大飞机，就这么不了了之了。大飞机被放置在室外，任凭风吹雨打，真的令人非常失落、痛苦，我也一时没有了方向。

大飞机项目下马后，我已经 40 岁出头。我曾一门心思扑在上面，突然之间下马，令我感情上无法接受。本来觉得做一辈子航空人也挺好，现在简直有点绝望。制造"运10"的飞机工厂后来改去做汽车、做电风扇，这是我的第二次绝望。单位人事部门要调我去厂校做老师，考虑再三，还是无法留在这个伤心地。在这种情况下，我就下决心换工作。

扎根基层的从文之路

1984年，我开始了人生道路上的第二份工作。通过市里的上海航空工业办公室（简称航办），我调到了航空标准件厂——航空系统中制造特种规格、高强度的螺栓、螺丝、螺帽的单位，继续在一线工作。

80年代，尤其在1989年左右，这一段时间我写了很多文章，有中国电影家协会的约稿，也在《上海大学学报》《华东师范大学学报》上发表文章。其中稍有影响的就是1989年10月15日刊登在《解放日报》的一篇名为"《河殇》开的是什么药方"的文章，以上海航空标准件厂工人的身份署名发表。文章发表后，反响很好，却也接到了几个匿名电话和匿名信，骂我是"御用文人"。这令我甚感委屈。我虽经常"爬格子"，写评论，但并无任何背景，也并无任何人布置。我只是有感而发罢了，心想还没有资格做"御用文人"。

然而，这篇文章给我的人生带来了新的春天。我从工人岗位被调至上海航空标准件厂的政宣组从事宣传和教育工作，接过了办厂报的任务。那时候凡是规模大一点的厂，都有厂报。我凭借一己之热情，集编写、采访、设计、印刷、发放等一条龙服务于一身。厂报的规模虽然不大，一般一刊就几十份，但很受欢迎。

厂报不仅印有厂内重要会议信息，还有每个月度每人的生产数量统计，还有好人好事荣誉榜等栏目。如此一来，就大大促进了工人的生产积极性，大家争先恐后地想做好事情，想上荣誉榜。

90年代，我在业余时间先后写了不少文章，还得了奖。为上海市总工会下属的杂志《主人》写过稿，在《解放日报》与《新民晚报》及电影刊物上也都发表过"豆腐块"文章。

除了在报纸杂志上写写文艺小评论，我还是个不折不扣的电影迷。我小时候经常去电影院看电影。我家附近有好几家电影院，如沪东电影院，还有提篮桥附近的东海电影院、大名电影院、长治电影院等等。当然最有名的还是大光明电影院。当时电影票价很便宜，电影院分布也较广，各区工人俱乐部、青少年宫等地方都设有电影院。那时候，看电影真的是件很开心的事。

20世纪上海电影正处繁华阶段，我看过的上海制作的电影也不少。像《一江春水向东流》《阮玲玉》《马路天使》《乌鸦与麻雀》等，都是经典之作！令我印象深刻的是上海电影制片厂谢晋导演的《芙蓉镇》，这部作品在当时整个电影界及社会上反响都不错。另一部是《七十二家房客》，它运用电影的手法把滑稽戏拍下来，属于上海人民滑稽剧团的看家之作。还有越剧电影《追鱼》《梁山伯与祝英台》等，它们都是具有鲜明海派文化风格的上海电影。这些电影不仅受到广大上海观众的青睐，也受到全国广大观众的青睐。

与 电 影 结 缘

1986 年，我给长春电影制片厂的《电影文学》写过一篇关于电影的评论性文章。后来《电影文学》主编朱晶老师带了我的这篇文章去参加中国电影家协会主办的全国电影文学杂志主编年会，居然很幸运地被国家级杂志《电影艺术》的主编看中。当时很多人家里还没有电话、电脑之类的通信设备，《电影文学》杂志就直接打电报到淮海路邮局，着实把我吓了一跳。我记得很清楚，电报内容是很简短的几行字："《电影艺术》是国家级刊物，要准备刊发您的这篇《文以载道与电影审美》文章，你同意否？速回。"我惊喜万分，马上就跑到淮海路邮局回电报表示同意。后来长春《电影文学》主编朱晶老师到上海参加全国电影文学杂志主编年会，在永福路上影招待所与我首次见面，又介绍我认识了上海电影刊物主编王世祯老师。王老师是一位上海的老地下党工作者，后长期在上海电影厂和电影刊物担任领导工作，他对我帮助很大。

因为热爱电影，后来我又参加了徐汇区电影评论小组，常与来自社会各界的电影爱好者们聚在一起探讨电影。这期间，我写了不少影评和书评的"豆腐块"文章，并频频获奖，就这样一篇篇地写下去。

80 年代的下海经商风潮，既有力地推动了市场经济，又快速地改变了千万人的命运，也快速地改变着千万人的价值观。社会上开始流行"男人有钱变坏，女人变坏有钱"的说法。这个说法并不是绝对准确，却也道出了部分社会现实。

我在这样的社会背景下，创作了短篇小说《沦落》，主要讲述的是一个贤妻良母如何在不知不觉中沦落为金钱的俘虏，而一个埋头于事业的男主人公疏忽了夫妻感情的而导致第三者乘虚而入，最终导致多方后悔和矛盾的悲剧故事。1989年小说在上海发表后，竟然还获得了稿费。这笔稿费在今天看来也许并不值得惊喜，但在当时，却已相当于我半年的工资了。

现在再回头去看那篇小说，自愧写得那么的粗糙与稚嫩。但是这篇小说却能正儿八经地获得发表，说明小说确实来源于生活。这也让我找到了些许自信，开始从一名工人、一个业余作者的角度，加深并拓宽对生活和社会的观察与思考。

改革开放以前，我国文艺评论的流派主要集中在中国古代文论、马克思主义理论、西方文艺理论这几个主要方面。改革开放以后，许多海外的文艺理论流派进入中国，文艺流派之"花"一下子盛放起来。本来只有几种颜色的花，现在有不同国家不同颜色的花争相开放，令人眼花缭乱。在这样的环境下，有一部分文化人开始盲目崇洋，甚至主张全盘西化。但我认为，还是要有所辨别。无论在文艺理论和写作方法上，西方确有一些创新，值得借鉴。但做学问的人一定要有"拿来"的眼光，但不能完全照搬照抄。我们既要海纳百川，同时又要坚持中国自己的民族特色，还是要坚持民族的、科学的、大众的社会主义文化方向。

探秘祖上家谱与清史研究

工作之余，在文学之路上越走越欢，退休后，我又大胆开启了一项全新的笔耕旅程——清史研究。我这人几乎从不花很多时间研读历史，总觉得历史离我很遥远，也从不看历史小说，总觉得不真实。怎么会突发奇想"八十岁学吹打"，去淌这潭深不见底的远途之水呢？这是由于我对自己的祖籍进行考证才有了这样一个机缘。

我的祖籍在北京西城区的西直门内，那里早先的清代房屋建筑都早已拆除。原恂王府（康熙十四子王府）所在地，现在是西直门大街中国人民解放军总政招待所。我的祖父和曾祖父住在恂王府以西，紧挨着原西直门城墙，也就是现在的北京市消防总局大楼这片地方。

辛亥革命把清政府推翻后，所有的爱新觉罗氏与满族旗人都备受歧视，他们一下子从社会顶端跌到了社会最低层。于是，有些人就隐姓埋名，有些人则改为汉姓。我的姓氏"金"，就是满文中"爱新觉罗"的汉译，与汉姓的"金"同字不完全同义。

我的爷爷奶奶都是满族，爷爷是曾在报社工作过的文化人，而奶奶却只字不识。由于南方沿海城市如上海、广州租界多，更能容纳百川，让人能够在"夹缝中求生存"。于是我父亲为了生计，14岁就离开北京，之后40多年再没回去过。一直到60年代初期我上中学的时候，我奶奶终于来到上海，我们一家人才得以团聚。

我父亲为人善良老实，口风很紧，对于祖上的事情至死只字未对我提起。我对祖上的历史碎片印记都是从奶奶口中偶然得知。奶奶说得也很简单，仅仅只是说了我们家的祖宗是大将军，她也没说清楚是什么样的大将军。但奶奶神秘兮兮又略带几分自得地告诉我，按照原来族谱规矩的话，我们应该是"黄带子"。我当时不甚明白，现在才知道，爱新觉罗氏内只有皇帝的直系子孙才能够腰间佩戴黄带子，皇帝的旁系子孙只可系"红带子"。"黄带子"是一种身份象征，有着免死金牌的特权。但这些陈年烂芝麻事父亲至死也未对我说过。他只是有一次嘱咐过，等我有了后代，孩子姓名的第二个字应该定为"启"字。这其实是按照爱新觉罗氏的族谱来定，就像我曾祖父是"载"字辈，爷爷是"溥"字辈，我父亲是"毓"字辈，我是"恒"字辈。我的后代则是"启"字辈，就这样一直往上一辈辈全对上号。

年轻时也没当回事，退休后有了空闲时间，我才终于下决心想要弄清楚我家里祖上到底是谁。在北京有关专家的帮助下，终于彻底解开了这个血统之谜。

我60岁之前做梦也没想到，我的血统竟然和康熙皇帝直接有关。因为弄清楚了大将军王十四阿哥才是我真正的先祖，所以，原打算退休之后创作一部反贪题材长篇小说的计划，不得不放弃了。在清史界前辈名家王钟翰、戴逸以及朱诚如、高翔、李世瑜等资深专家、社会各界朋友与出版社的建议下，从零开始研究起清史。

一开始，我把全部精力围绕在雍正究竟是否用阴谋篡位这一点上。一来，这是一件历史悬案，二来，这同我的祖先大将军王十四阿哥直接相关。我把焦点与精力全部集中在康熙之死有无疑问及康熙满文遗诏有无篡改上。于是我辗转于北京、上海这两座城市之间，跑了不少档案馆、图书馆。终于，我的第一篇历史研究论文于2004年在

2005 年金恒源关于康熙篡位真相的研究被《新民晚报》报道

上海社科院历史所主办的《史林》发表。2005 年我的第一部历史著作在浙江人民出版社出版后，《上海老年报》等报纸先后做了报道和介绍。2008 年第二部历史著作由上海人民出版社出版，国内外几十家媒体都做了报道。

正所谓"有心栽花花不开，无心插柳柳成荫"。2005 年 8 月，我应邀赴人民大会堂出席国际清史研讨会，拜访、讨教了许多专家、教授。2006 年 10 月，又应上海电视台之邀在纪实频道出镜讲清史。我从心底里感恩我们这个时代。没有这个大好时代，哪有可能让一个工人出身、又坎坷起伏了大半辈子的无名之辈，能够著书立说，走进人民大会堂。

一开始，有人建议我研究历清史时，我觉得这简直是天方夜谭。历史研究对我而言，不仅隔行如山，而且对此毫无兴趣，又何必去自讨苦吃呢。谁能料到，奇迹竟意想不到地一个又一个出现了！不少康熙雍正疑案悬案，还真的被我这个业余爱好的民间学者研究出了些新门道。这十几年来，我出版的专著越来越多，有些观点还有幸获得了业界学者的认可和引用。真是一分耕耘、一分收获。

据我所知，像我这样喜欢这个、喜欢那个的人太多了。几乎任何领域都有一群人在埋头研究。各自领域都有圈子，只有碰到一起了才会有相见恨晚之感，这也是人生中一种难得的际遇。我很荣幸在这个年代加入了不少圈子，也庆幸能在电影、文联、报社、评论、清史研究等方面都留下了我的足迹。我始终觉得，当有了一点小小成果之后，一定不要忘记感恩，一定不要忘记回报社会，要让更多的人都能找到自己的舞台，让更多的人都能挖掘出自己的潜能。总之一句话，我能，你更能。有理想，才有奔头，把个人理想融入于时代，就会越忙越有劲。

一座城市与一群人

在我心中，上海与北京是各有所长的伟大城市。北京是一个古老的城市，曾经是多个朝代的首都，因而京城的政治氛围要比上海浓厚些。同时，北京有大量保存良好的古建筑，有许多王府旧址与名人故居。我曾为了清史研究而多次走访过北京的故宫和中国第一历史档案馆，那里有明朝和清朝大量的珍贵资料。北京聚集着大量研究清史的高端机构和专家，更有利于清史研究。上海则是中国经济的领头羊，是研究中国城市近代史、租界史、经济史的重镇。上海是座面向大海的国际化大都市，在吸收西方先进文明上上海有着得天独厚的优势。中国共产党之所以在上海的石库门诞生，与上海的城市精神有着密切联系。中国国民党的很多重要人物都在上海居住、活动及工作过，国共两党许多重要事件都发生在上海。上海是座革命的城市、光荣的城市，值得我们关注、研究。

我在上海长时间的生活、成长、工作，共计出版了 200 多万字的著作书籍，很自然与上海结下了深厚的渊源，也必然会潜移默化地受到海派文化的影响。所以，在 20 世纪 90 年代我的小说很荣幸得到了海派文化大师蒋星煜老先生的大力推荐。我的清史研究明显的有别于多数经院派研究，有着别具一格的上海海派文化的风格烙印。

我觉得无论时代怎么发展，海派文化是不可能销声匿迹的，海派文化的未来归根结底还是在于创新。比如在戏剧领域，上海虽然不是越剧的发源地，但在上海产生了很多越剧艺术流派，这就把越剧的生命力延续下去并且发扬光大了。同样，上海虽不是京剧的发源地，但在京剧舞台上诞生了新的流派——麒派，更不用说沪剧了。此外，上海在杂技、服装、江浙菜等领域，都有海派分支和海派味道，并且一直在不断创新、生发新意。

文化天生具有时代性，时代感越鲜明，文化的感召力就越强大。文化的传承不能急功近利。新时代的海派文化要传承并发扬光大，还是要靠鲜明的时代感、丰硕的创新成果和丰富的文化人才才行。海派文化的发展除了同中国传统文化、上海地域文化联系在一起外，还可以搭乘"一带一路"的时代列车去建设。因为，"一带一路"不仅是经济的交流，也是文化的交流。

如今我们已步入到了中国特色社会主义的新时代，那么海派文化也应该进入这个新时代。任何人、任何地方，不管你生活在哪里，你必然总是处于文化之中。文化怎么创新，怎么与新时代融合，要有大格局、还要有新格局，需要我们认真思考，更需要我们去实干努力。

人，一定要有自己的目标和梦想，梦想的实现离不开时代，也离不开坚持不懈的追求和坚定不移的努力。个人命运、个人前途必须与国家命运、国家前途融合在一起，先天下之忧而忧，后天下之乐而乐，才真正能文而化之。这可能是古今中外概莫能外的文化规律，也是古今中外一切文化人概莫能外的规律。

（采访及整理：钮晨迪、凌屹帆）

中国红色起源地的"守门人"

讲述人：赵文来
时间：2018 年 2 月 27 日
地点：黄浦区南昌路 100 弄 2 号赵文来家中

赵文来，祖籍浙江宁波，曾工作于上海仪表机床厂。1978 年搬到老渔阳里 2 号（今南昌路 100 弄 2 号）。2010 年 1 月 28 日获得"2009 年卢湾区文物保护工作先进个人"荣誉称号；2017 年，被渔阳里历史文化研究会授予"守门人"称号；现为渔阳里历史文化研究会成员。

温馨多彩的学生时代

我的父母在十八九岁的时候来到上海，和现在的打工族一样在上海讨生活，只不过那时处于旧社会。我出生在上海，是家里的独子。

父亲是一名厨师，在工厂里做炊事员。母亲是一名普通工人，后来由于身体原因辞职了，在家照顾我、做家务。小时候每家每户的生活条件普遍不太好，我家属于工人家庭，依靠父亲的工资倒也过得去。父亲的厨艺不错，我们家的饭菜总能烧得有滋有味。父母都是宁波人，家里会常备一些咸鱼、咸虾等干货，每逢过年，家里还会买些猪肉、鸡鸭肉等来改善伙食。上海解放后的生活要比过去好很多，大量工厂在政府的扶植下兴办起来，解决了许多人的工作问题。大家因此都能够吃饱饭，也很感激政府，从而更加努力工作。父亲那时为了工作经常晚上不回家，直接睡在厂里。母亲也没有怨言，支持父亲这样做。

我就读的小学是卢湾区第二中心小学。由于是家里的独生子，父母比较惯着我，所以那个时候很顽皮。但老师很严格，每天不做完功课不许回家。这位严厉的老师名叫朱凤珍，她带了我整整六年，是我的启蒙老师。

那时下午三四点钟就放学了，可是朱老师却在晚上七八点钟才能到家，因为她还要家访。全班一共六十多个学生，她要一家一户地去访问，特别是对于学习差的学生，她一定要到家里询问学习情况，多叮嘱学生父母几句。朱老师在送走我们这届学生后就开始专门教毕业班，那些功课差的、偏科的、顽皮的学生，经过她的调教，学习都能有所进步。

每天放学后，朱老师总会坐在办公室批改作业，我和其他没做完作业的同学就在旁边写作业。有时候我父母很忙，晚上不回家做饭，朱老师就带我到她家吃饭，她儿子吃什么我就吃什么，不偏不倚。朱老师的行为也使我养成了对老师的敬畏感。后来我自己有了儿子，每次给儿子开家长会的时候，面对他的小学老师都会显得有些拘谨，但更多的不是害怕，而是由衷的尊敬。

后来国家要建设深圳经济特区，向上海市借调 30 个优秀教师，朱凤珍老师就是其中之一。此后她就定居在深圳，而我在上海，再也没见过。我很想念朱老师，正是有了她的悉心教导，我才明白知识的重要性，才能养成良好的学习习惯，为日后的工作打下良好的知识基础。

当时读小学，学费是一个学期 6 元钱。而 6 元钱可以供一个家庭吃一个月，大部分家庭都能支付得起，因为每个人都有工作。在那个年代，如果有谁赋闲在家，里弄会帮你找工作。上海刚解放的时候有些人家没有男性劳动力，里弄就会安排妇女打扫弄堂的道路，做做清洁工作，好让她们补贴家用。此外，还成立了里弄生产组，妇女帮忙缝缝补补，做些手工艺品，这些活计可以集中起来做也可以拿回家做。比方说做一支笔，可以把零件拿回家做，最后按交回来的笔的数量计算工钱。所以那时基本上不存在孩子因为学费问题而上不起学，至少我所知道的街坊四邻中没有。

我所读的小学有个很有趣的制度，也很有用，就是在学生之间成立互助小组，你帮助我学习，我帮助你学习，你监督我的行为举止，我也监督你的行为举止。一个小组的学生在一起学习，也在一起玩耍，既培养了我们的自觉性和团结性，也让许多人成为很要好的朋友。同时还成立家庭小组，让家长轮流监督辅导孩子写作业。

后来我升入初中东风中学。入了中学我开始接触数理化，同时还要学俄语或英语。哪个班学俄语，哪个班学英语是由学校规定的，而我们班学的是俄语。由于大家都是学校附近的学生，吃饭也是回家吃，所以没有寄宿学生。学校对贫困生除了实行学费减免外，还有助学金补贴。在中学里大家虽然都是懵懵懂懂的少男少女，却没有早恋现象，男女生之间吵吵闹闹倒是经常发生，大家还在桌子上画上"三八线"，总之那个时代我们很单纯、很淳朴。

勤奋好学的工作生涯

那个时候，我们初中毕业之后只有少数人选择继续读高中，大多数人则由学校负责推荐工作。我毕业后直接参加工作，进入了上海仪表机床厂。我们的同学当中，有人在虹桥机场做厨师，有人在航道局挖泥沙，总之各行各业都有。进厂以后，我先成为一名学徒工，工厂会给每位学徒分配一位老师傅，并且签订师徒合同。合同上规定师傅教什么、怎么教，学生怎么学、学到什么程度，合同最后要被录入个人档案，学徒的表现也会被记录下来。

我刚进入工厂时有很多机械设备都不认识，对专业名词也不熟悉，厂里就出钱安排我们去读对口的夜校，让我们继续学习。我的学徒工资每月是 17.8 元，其中 5 元钱用来吃饭，剩下的可以存起来。我们将向师傅学习技艺叫作"偷师"，因为师傅只会给你指个方向，做一下示范动作，剩下的就全靠自己努力练习与琢磨，正所谓"师傅领进门，修行靠个人"。学徒 3 年要进行 6 场考试，3 年期满后进行成绩评定，成绩差的人工资只有 39 元，满师是 42 元。我工作比较认真，学徒 3 年后考核顺利满师。

1977 年恢复高考，工厂里推荐我们一批年轻人去读工农兵大学。大学里的老师都是知名的教授，有研究力学的、有研究材料学的，各个学科的都有。我们学生也很努力，经常挑灯苦读到凌晨两三点，回去睡一两个小时就起来，早上五六点又开始学习。老师们有时也会陪我们熬夜，耐心地给我们解答疑问。

大学进修结束后，我又回到上海仪表机床厂。厂里还未来得及给我分派具体工作，就被调到了机关，负责协助团委书记工作。当时整个上海仪表机床厂团委就团委书记一个"光杆司令"，他要开会，我就跑腿打杂。后来为了纪念毛主席发表"三好指示"25 周年，机电一局团委借大世界的场所举办周年活动，而我就代表上海仪表机床厂的团委参加了这次活动。后来的上海市副市长杨定华就是当时我们机电一局的团委书记。

之后我又被调到厂里的巡逻小组，每天去各个工作组巡察，然后向上反映各工作组的工作情况以及他们遇到的问题，向下则是传达领导的意见与指示。改革开放以后，我又返回车间，以高级技师的身份进行工作上的指导。那期间每每遇到难题，我都会翻看当年在工农兵大学学习时的笔记，问题总能迎刃而解。我的最后一份工作是在上海机床公司，一边负责零件的加工与改进，一边负责产品的销售与市场，直至退休。

我们这一代以及父母那一代，对于领袖有着深厚的感情。旧社会人们的生活过得很艰难，14 年抗日战争、3 年解放战争，整个国家千疮百孔，直至新中国成立，人们才有了强烈的翻身感。新旧中国有着鲜明的对比，这些不是如今许多年轻一代人所能体会的。

20 世纪 50 年代末我已经参加工作，所见到的党员干部都很清廉。比方说涨工资的时候，他们不要求涨，而是先照顾普通工人。这是一种发自内心的行为，不是假仁假义做样子。当时粮食是凭粮票限量供应的，有个党员自己家粮食都不够吃，还上交粮票资助别人。

当时我的科长住的房子上下加起来才 9 平方米，但他宁愿每天晚上住在办公室也绝不向组织求助。那时的情况普遍是这个样子：有什么利益，总是百姓在前，党员在后，所以百姓对党员也很尊重。举个例子，我们工作小组有一个老工人，但组长是新来的，这两个人碰在一起经常会因为意见不同而争吵起来，但最后总是以老工人的妥协而收场。有一次他们争吵时，老工人的一句话让我至今都印象深刻，他说："我不是看你'三个字'，而是看你'四个字'。""三个字"是说组长的名字，"四个字"指的是"共产党员"，老工人的意思是我听你的命令不是因为你是组长，而是因为你是共产党员。自此之后他们之间的关系就逐渐缓和了。

老渔阳里的前世今生

　　我原来不住在老渔阳里，后来是因为单位分配房子才分到现在居住的地方。以前我也不知道这里是文物保护单位，搬进来以后才知道这里是《新青年》编辑部以及中国共产党中央工作部的旧址。1978 年，我们是以"困难户"的身份搬进来的，当时我的爱人已经怀孕。搬来之前我们小夫妻俩还和父亲一起挤在吉安路一间 9 平方米的亭子间，那地方实在是太小。妻子的单位看我们在住房方面确实有困难，就把我家作为首批"困难户"，将这间房子分给我们。这里原本是单位的单身宿舍，住户是一群单身汉，后来他们搬出来，我们才搬了进去。

　　我妻子在上海美术设计公司工作，隶属于文化局。后来我才打听到这里本来是要建纪念馆的，结果后来没建成，就用来给文化局、财政局等单位分房。现如今七色花小学旁边的那一片空地，以及我们现在住的地方，都是那一批分下来的房子。我们这个房子比较特殊，它的产权属于上海市委，因为当时建纪念馆需要审批材料等步骤，有一张证明上面写着"老渔阳里 2 号产权归上海市委所有"，业主一栏写的也是上海市委。现在这张证明在上海市档案馆，上面写得清清楚楚。

　　我搬进来以后，注意到经常有人来参观考察。早期的时候还没有多少人知道这个地方，前来参观的一般都是一些老教授以及学者。有成立时间相对较早的北京陈独秀研究所的学者，有南京、安庆等地研究陈独秀的人，除此之外，也有外国人来此参观学习。来的人越来中國共產黨第一次全國代表大會決定成立中央工作部，領導當時黨的日常工作。一九二一——二三年，中國共產黨中央工作部在這裏辦公。毛澤東同志也曾一度在這裏工作。

悬挂于室内的铭牌

越多，我便意识到这个地方的意义并不简单，于是就去图书馆翻阅资料，并向来访者请教。最后才知道我的住处是毛泽东和陈独秀曾经工作过的地方，是中国共产党中央工作部办公的旧址。

这个住处在我搬来之前已经是上海市文物保护单位。新中国成立后，中央要求寻找中共一大会址，后来在找一大会址的同时也找到了这里。因为第一批共产党人在渔阳里完成了中共一大的筹备工作。陈独秀来到上海，也一直在这里居住和办公。

当年上海市政府计划建设上海革命历史纪念馆，这里被列为二馆。筹备之初，老渔阳里2号仅对内部人员开放，陈毅市长来过，潘汉年副市长也来过，并且还专门委派了解放军来站岗。当时门口的铭牌是木制镜框，后来这里作了居民住房，出于保存的需要，在同样的位置保留了一面石刻。再后来由于种种原因，这里没有建设成历史纪念馆，而成了上海市属的一个文物保护单位。

我刚搬进来的时候，房子很破旧。1949年后虽然有过修缮，但毕竟经历了十几年的风吹雨打，我搬进来时房子已经变得一塌糊涂。这房子建成于 1912 年，有将近百年的历史，房子的墙面已经剥落，柱子也已经腐烂，内部的整体面貌可以用"惨不忍睹"四个字来形容，就像一个老态龙钟的老人。

我搬来的第二天，区文物保护所就派人上门告诉我："这里是市文物保护建筑，有两块铭牌。门口那块牌子标得很清楚，是《新青年》编辑部旧址，也是陈独秀故居。你卧室里那块铭牌也很重要，说明这里是中共中央工作部的办公地，是上海革命历史纪念馆二馆的见证，不能移除，也不能让家具遮挡了。"本来我的衣柜是要放在东面靠墙而立的，但为了不遮挡室内的铭牌，只好放在西面，靠近走廊。

出于文物保护的需要，我搬进来之后并没有对整个房子的格局做出改变。西面是一个厢房，东面是一个客厅，中间有一条走廊，进了大门之后就是院子，这就是典型的上海石库门。还有一种样式是，后面有一个厨房和一个小天井，楼上有两个房间和一个很小的储物间，也就是具有上海特色的亭子间。我刚搬进来时，想要将客厅的大门改掉，当时客厅大门和现在一样都是木制的，但由于年久失修，两扇门之间的缝隙足足有一个大拇指那么粗。晚上睡觉时能感觉到风从门缝里窜进来，特别是冬天，一漏风屋里一点热气都没有。我原本还想砌一道砖墙，不过文物部门不让，并且说一定要保持原样，我也只好放弃了。

现在楼上的两间房子都有人居住，不过他们并不从此处上去，而是从隔壁。在西厢房，为了满足一家三口的住房需要，我在中间砌了一道墙进行了分隔，这也是符合规定的。经过这么多年，我明白了如此规定的意义所在，毕竟这所房子记录了一段历史，不能在我手中被破坏。

住在老渔阳里 2 号我依旧过着普通的生活，只不过要不时接待来参观的人。刚开始的时候，这对我家的生活有一定影响。毕竟一个家庭的生活有自己的圈子和私密空间，而且那时工作也很忙。但本着来者皆是客的理念，我认为这些都无关大碍，总是热情接待来访者。

随着时间的流逝，我越来越意识到这个地方的重要性，一方面来的人里有专家学者，他们都是搞研究的，我当然乐意接待；另一方面也有不少人带着崇敬的心情来瞻仰、体会红色记忆的，对这些人我同样乐意接待。参观来访的人中有陈独秀的孙子陈长琦、孙女陈长璞（陈独秀第三子陈松年的长子和次女）。他们来过两三次，主要是缅怀祖父，纪念先辈。来访人员中级别最高的是中央组织部的一位领导，当时他是由文物保护单位的人员陪同前来。

关于陈独秀的历史研究曾经一度被列为学术界的"禁区"，研究这方面的学者很少，只有北京、南京、安庆等地有一些研究。改革开放以后，随着研究的深入，这一方面的学者越来越多，人们也开始重视陈独秀对于中国共产党初期建设的贡献。上海的王乾德、江爱群、行路南三人于 2010 年夏有了建立一个研究组织的设想，很快便于第二年成立了渔阳里历史文化研究会，受到多方的支持与关注。

通过与来访学者的交流，我知道并了解到渔阳里历史文化研究会，很快也加入其中。我加入研究会主要出于两个方面的原因：一方面对于我个人来说，这是一个学习机会，研究会的成员学识都很高，在各自的研究领域具有一定的深度。而我个人了解这一段历史大多是通过看书，加入研究会可以更深一步地了解这段历史及其背后的意义与价值。另一方面对于社会来说，我以前不知道的东西别人可能也不知道，丰富了自己的学识之后，可以向他人更好地介绍渔阳里。一般来此参观的学生比较多，很多人对这段历史比较陌生，因此每当有学生前来参观，我都会热情地向他们讲解，此外还会不厌其烦地发放宣传资料。因为有些历史必须要讲出来，必须有人知道，才不会失去其本身的意义。

其实不只是普通民众和学生，甚至有一些领导干部对这段历史都不是很清楚，只是靠门口悬挂着的《新青年》编辑部的牌子来辨识这里。我的任务就是要让他们了解这里的历史，了解中共一大是如何筹备的、这里面发生过什么惊心动魄的故事，了解保留这个地方有哪些意义与价值等等，这些都是后来人尤其是年轻人需要铭记的。

渔阳里历史文化研究会以及众多学术机构做了件很有意义的事，让我们以及子孙后代能够了解并牢记这段历史。中共一大会址纪念馆的张黎明馆长曾说："如果不搞好（老渔阳里的历史研究工作），我们将成为'不肖子孙'。"他说的时候神情很激动，感慨很多。

我年轻时的工作是机械设计，和历史完全不搭边，所知道的一些历史知识都是后来学习的。我们夫妻只有一个儿子，从他小时候起我就将这里的历史讲给他听，慢慢地他也很了解这里。不过年轻人与我们所体会到的东西还是不一样，按照老话来说，我们这一代人是"生在旧社会，长在红旗下"，对共产党的感情很深。相对来说，现在年轻人的这种情感淡化了一些，当然这也是因为所处的时代不同。我在给年轻人讲述的时候，能给他们带去很深的触动，这也促使我更努力地将这段历史传承下去。中国共产党的成立与发展已经有 90 多年历史，一路走来的艰难很多人难以体会，人们应该记住这段历史。以前大家不太了解，随着市政府的重视，大家才逐渐知道渔阳里 2 号这样重要的地方。

渔阳里历史文化研究会称我为"守门人"，我是不敢当的。我认为大家都是"守门人"，而渔阳里历史文化研究会的专家学者才是真正的"守门人"。他们发掘历史，研究历史，给别人讲解并宣传这里，那才是"功德无量"。我只是上海市的一个普通老百姓，现在之所以要如此做，正是对中国共产党抱有信心与热爱之情。我很荣幸能有这样的机会来守护这么一个特殊的地方。我和妻子都是比较热心的人，很乐意与来访的人进行讨论，或者是向他们讲解，所以无所谓什么"守门人"。

我曾经给上级部门写过信，那是在中国共产党成立 80 周年之前。有一天一个翻译陪同着两名欧洲人来此参观，他们问了一句话让我感触很深，他们一脸疑惑地说："为什么如此重要的地方却显得如此破旧，你们为什么不好好地修缮一下？"当时我的心里咯噔一下！这个问题很难回答，如果是国人的话，我怎样回答都无伤大雅，毕竟大家都知道国情，但是对于外国人，我却要好好地想一下，我的回答不能有损于我们国家。我愣了半天，绞尽脑汁地想，最后憋出两句话："我们领导正在考虑这件事，已经提上议程，事情都是要一步一步做，相信你们下次来就已经修缮完毕了。"

当天晚上我想了很多，认为这种尴尬的场景虽不多见，却也必须重视，我个人有损脸面不要紧，但不能因此影响国家的形象。于是我翻身起床，披上外衣，在窗前的书案上连夜写了一封信，第二天一大早就寄了出去。我没有寄到上海市政府，而是直接寄到了北京，我认为这件事有必要引起中央领导的重视。我在信里详细地阐述了当天所发生的事情，向他们表明利害关系，同时提出自己的建议，认为这个地方确实需要进行一次整理与修缮。后来北京方面将这封信转交给了卢湾区城建局，当时卢湾区还没有被合并，我们这个地方归卢湾区管辖。不久城建局派来一名工作人员，来人很客气地跟我说："我们收到你的来信了，以后有什么计划会和你说的。"但这之后由于多种原因就不了了之了。

等到中国共产党成立 80 周年的时候，东方电视台播出了一个叫《红色的脚印从这里开始》的电视节目，节目的第一个镜头就是我家门口，从这里开始拍，一直拍到中共一大会址等地方。

我和文物局的人员平时来往较多，关系也比较近，我与他们说了自己的想法之后，他们告诉我说："我们也知道你的苦衷，要相互理解，共同努力。我这边积极向上边反应，你也继续写信，争取赢得领导的重视。"于是我又准备写一封信，文物局的人教我怎样写信，比方说格式、内容等等，其中措辞是很重要的。

要写好这封信有很多学问在里面，我之前是按照一般写信的习惯，所以上次的失败可能与信件的表述有很大关系。这次我是以挂号信的形式寄到上海市政府。恰巧渔阳里历史文化研究会的学者们也写了许多有关这方面的文章，也从侧面反映了这个问题。当所有的焦点都聚集在一起的时候，就促成了 2014 年抢修老渔阳里 2 号。上级部门下拨专项资金，规定一个月之内要整修完毕。一个月内我们非常努力地进行修缮工作，最后变成了大家现在所看到的样子。

这个过程很曲折，我感觉这样重要的事情，关键还是要有人发声，从普通老百姓，到研究学者，到政府部门，都应该重视国家和民族历史的传承。在 2018 年上半年这里要建设一个历史纪念馆的计划被提上日程之时，邻居之间还会开玩笑说："老赵，你们什么时候拆迁啊，我们可都看着你家呢。"其实一个纪念馆可以说是比较容易建成的，但是一段历史的研究却是非常不容易的，还需要当代学者们多多努力。

现在我已退休，在家的时间也多了，有人来参观时，我都会乐意接待。文物局方面隔三岔五也打来电话，告诉我哪天会有哪些人专门来访，需要我认真接待，并且做好来访记录。每当有学生来的时候，我会给他们发一本宣传手册，此外还会赠送相关的复印资料。我每周有两天去渔阳里历史文化研究会上课，一方面补充历史知识，另一方面仔细地学习关于渔阳里研究的最新成果。

2017 年，随着"党的诞生地"的计划被提出来，渔阳里 2 号的保护发掘工作已在商讨当中。至于具体怎么做，我们老两口服从政府安排，政府什么时候让搬走，我们就什么时候搬走。时间是有限的，任务却是艰巨的，我们很希望这里的革命历史纪念馆尽快建成。

（采访及整理：王亚丰）

后 记

　　本书是《海派生活小史》系列丛书的第二辑，是由上海大学海派文化研究中心和上海大学文学院联合主办的"310与沪有约"——海派文化传习活动之"寻见·海派"口述史研习营的重要成果。研习营于2018年1月开营，前后历经半年多时间，在此期间我们一直与沪上20多名大学生、瑞金二路街道通力合作，共走访了20多位讲述人，其后根据采访内容进行了细致的整理、核实、编撰和反复修改等一系列工作，最终得以将成果精心呈现以飨读者。

　　20多位学生经过系统培训，加之瑞金二路街道社区工作人员的大力支持，采访的过程较为顺利。我们采访的老先生，曾是新四军老战士、军医、南下干部、教授、工程师，他们见证着新中国的成长，为上海的发展殚精竭虑。我们努力发掘他们身上的故事，这些故事对于我们认识上海、感悟历史有着无可辩驳的说服力和感染力。前人栽树后人乘凉，老先生们当年的豪迈依旧历历在目，"我将成为英雄死去，或将成为英雄归来"，这是即将开赴战场的宣言，也是他们渴望建功立业，救国于水火之中的决心。

　　何为"海纳百川"？它既是地理上的，也是文化上的，老先生们很好地诠释了它的含义：他们来自全国各地，有着不同的人生经历，机缘巧合下在上海扎根，工作、生活。百川汇海，岁月变迁，革命向上的红色文化与包容开放的海派文化交相辉映，引领着上海的城市发展。

学生们在走访过程中，能够近距离地与老先生促膝长谈，感受他们不凡的精神气概，在一问一答中悄然生出化学反应。这些真切的故事不仅仅是历史知识，更是一种精神信仰上的激励。上海之所以成为今天的上海，中国之所以成为今天的中国，学生们还有本书的读者，心中也许就会有答案。

此书能够最终出版，在此我们要衷心感谢上海市教卫工作党委、上海市教委、上海市文教结合工作协调小组办公室对"310与沪有约"项目的支持；感谢黄浦区瑞金二路街道办事处给予的支持和帮助；感谢每一位参加口述史研习营学生的认真投入；最后，更要诚挚地感谢接受我们采访的20多位老先生，他们是这个时代的财富，他们是最可爱的人。